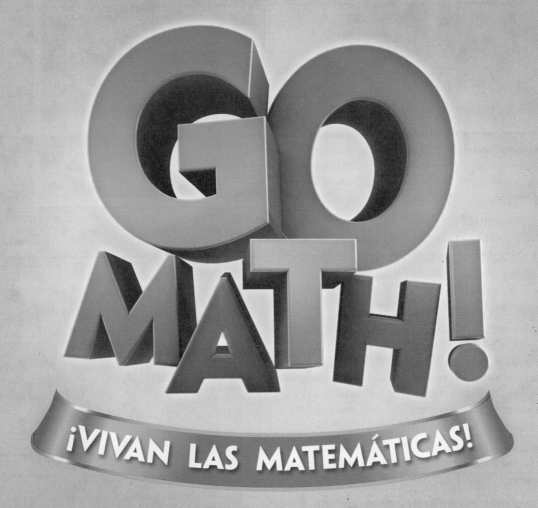

GO MATH!

¡VIVAN LAS MATEMÁTICAS!

Volumen 2

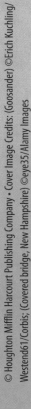
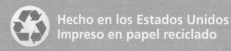

Printed in the U.S.A.

ISBN 978-0-544-67814-9

6 7 8 9 10   0877   24 23 22 21 20 19

4500761014   C D E F G

Estimados estudiantes y familiares:

Bienvenidos a **Go Math! ¡Vivan las matemáticas!** para 2do. grado. En este estimulante programa de matemáticas, encontrarán actividades prácticas y problemas de la vida diaria que tendrán que resolver. Y lo mejor de todo es que podrán escribir sus ideas y respuestas directamente en el libro. El hecho de que puedan escribir y dibujar en las páginas, les ayudará a percibir más detalladamente lo que están aprendiendo y las matemáticas serán fáciles de entender.

También deseamos compartir con ustedes algo muy importante: se ha usado papel reciclado en la impresión de este libro. Queremos que sepan que al participar en el programa **Go Math! ¡Vivan las matemáticas!** ustedes estarán ayudando a proteger el medio ambiente.

Atentamente,
Los autores

Hecho en los Estados Unidos
Impreso en papel reciclado.

Autores

Juli K. Dixon, Ph.D.
Professor, Mathematics Education
University of Central Florida
Orlando, Florida

Edward B. Burger, Ph.D.
President, Southwestern University
Georgetown, Texas

Steven J. Leinwand
Principal Research Analyst
American Institutes for
   Research (AIR)
Washington, D.C.

Colaboradora

Rena Petrello
Professor, Mathematics
Moorpark College
Moorpark, California

Matthew R. Larson, Ph.D.
K-12 Curriculum Specialist for
   Mathematics
Lincoln Public Schools
Lincoln, Nebraska

Martha E. Sandoval-Martinez
Math Instructor
El Camino College
Torrance, California

Consultores de English Language Learners

Elizabeth Jiménez
CEO, GEMAS Consulting
Professional Expert on English
   Learner Education
Bilingual Education and
   Dual Language
Pomona, California

VOLUMEN I

Sentido numérico y valor posicional

Área de atención Ampliar la comprensión de la notación en base diez

Conceptos numéricos   9

Áreas Operaciones y pensamiento algebraico

Números y operaciones en base diez

ESTÁNDARES ESTATALES COMUNES 2.0A.C.3, 2NBT.A.2, 2NBT.A.3

¡Visítanos en Internet!
Tus lecciones de matemáticas son interactivas. Usa iTools, Modelos matemáticos animados y el Glosario multimedia, entre otros.

Presentación del Capítulo 1

En este capítulo, explorarás y descubrirás las respuestas a las siguientes **Preguntas esenciales**:

- ¿Cómo usas el valor posicional para hallar y describir los números de diferentes formas?

- ¿Cómo sabes el valor de un dígito?

- ¿De qué maneras se puede mostrar un número?

- ¿Cómo cuentas de 1 en 1, de 5 en 5, de 10 en 10 y de 100 en 100?

Números hasta el 1,000   71

Área Números y operaciones en base diez

ESTÁNDARES ESTATALES COMUNES 2.NBT.A.1, 2.NBT.A.1a, 2.NBT.A.1b, 2.NBT.A.3, 2.NBT.A.4, 2.NBT.B.8

Presentación del Capítulo 2

En este capítulo, explorarás y descubrirás las respuestas a las siguientes **Preguntas esenciales**:

- ¿Cómo puedes usar el valor posicional para hacer un modelo, escribir y comparar números de 3 dígitos?

- ¿Cómo puedes usar bloques parar mostrar un números de 3 dígitos?

- ¿Cómo puedes escribir un número de 3 dígitos de maneras diferentes?

- ¿Cómo te puede ayudar el valor posicional a comparar números de 3 dígitos?

Práctica y tarea

Repaso de la lección y Repaso en espiral en cada lección

Suma y resta

Área de atención Desarrollar la fluidez con la suma y la resta

Operaciones básicas y relaciones   159

Área Operaciones y pensamiento algebraico
ESTÁNDARES ESTATALES COMUNES 2.0A.A.1, 2.0A.B.2, 2.0A.C.4

¡Aprende en línea!
Tus lecciones de
matemáticas son
interactivas. Usa iTools,
Modelos matemáticos
animados y el Glosario
multimedia entre otros.

Presentación del Capítulo 3

En este capítulo,
explorarás y descubrirás
las respuestas a las
siguientes
Preguntas esenciales:

• ¿Cómo puedes usar
patrones y estrategias
para hallar la suma
y la diferencia de
operaciones básicas?

• ¿Cuáles son las
estrategias para
recordar las
operaciones de suma y
de resta?

• ¿Cómo están
relacionadas la suma y
la resta?

© Houghton Mifflin Harcourt Publishing Company

Área Números y operaciones en base diez

ESTÁNDARES ESTATALES COMUNES 2.0A.A.1, 2.NBT.B.5, 2.NBT.B.6, 2.NBT.B.9

Resta de 2 dígitos 313

Áreas Números y operaciones en base diez
ESTÁNDARES ESTATALES COMUNES 2.0A.A.1, 2.NBT.B.5

Suma y resta de 3 dígitos 387

Áreas Números y operaciones en base diez
ESTÁNDARES ESTATALES COMUNES 2.NBT.B.7, 2.NBT.B.9

Medición y datos

Área de atención Usar unidades estándares de medida

El dinero y la hora 463

Área Medición y datos

ESTÁNDARES ESTATALES COMUNES 2.MD.C.7, 2.MD.C.8

Longitud en unidades del sistema usual 537

Área Medición y datos

ESTÁNDARES ESTATALES COMUNES 2.MD.A.1, 2MD.A.2, 2.MD.A.3,
2.MD.B.5, 2.MD.B.6, 2.MD.D.9

¡Aprende en línea! Tus lecciones de matemáticas son interactivas. Usa iTools, Modelos matemáticos animados y el Glosario multimedia entre otros.

Presentación del Capítulo 7

En este capítulo, explorarás y descubrirás las respuestas a las siguientes **Preguntas esenciales:**

- ¿Cómo usas el valor de las monedas y los billetes para hallar el valor total de un grupo y cómo lees la hora que muestran los relojes analógicos y los relojes digitales?

- ¿Cuáles son los nombres y los valores de las diferentes monedas?

- ¿Cómo sabes la hora que muestra un reloj observando las manecillas del reloj?

Presentación del Capítulo 8

En este capítulo, explorarás y descubrirás las respuestas a las siguientes **Preguntas esenciales:**

- ¿Cuáles son algunos métodos e instrumentos que se pueden usar para estimar y medir la longitud?

- ¿Qué instrumentos se pueden usar para medir la longitud y cómo los usas?

- ¿Qué unidades se pueden usar para medir la longitud y en qué se diferencian?

- ¿Cómo puedes estimar la longitud de un objeto?

© Houghton Mifflin Harcourt Publishing Company

Longitud en unidades métricas   599

Área Medición y datos
ESTÁNDARES ESTATALES COMUNES 2.MD.A.1, 2.MD.A.2, 2.MD.A.3, 2MD.A.4, 2.MD.B.5, 2.MD.B.6

Datos   649

Área Medición y datos
ESTÁNDARES ESTATALES COMUNES 2.MD.D.10

Presentación del Capítulo 9

En este capítulo, explorarás y descubrirás las respuestas a las siguientes **Preguntas esenciales**:

• ¿Cuáles son algunos métodos e instrumentos que se pueden usar para estimar y medir la longitud en unidades métricas?

• ¿Qué instrumentos se pueden usar para medir la longitud en unidades métricas y cómo los usas?

• ¿Qué unidades métricas se pueden usar para medir la longitud y en qué se diferencian?

• Si conoces la longitud de un objeto, ¿cómo puedes estimar la longitud de otro objeto?

Práctica y tarea

Repaso de la lección y Repaso en espiral en cada lección

Presentación del Capítulo 10

En este capítulo, explorarás y descubrirás las respuestas a las siguientes **Preguntas esenciales**:

• ¿Cómo te ayudan las tablas de conteo, las pictografías y las gráficas de barras a resolver problemas?

• ¿Cómo se usan las marcas de conteo para anotar los datos de una encuesta?

• ¿Cómo se hace una pictografías?

• ¿Cómo sabes qué representan las barras de una gráfica de barras?

Geometría y fracciones

Área de atención Describir y analizar las formas

¡Aprende en línea!
Tus lecciones de matemáticas son interactivas. Usa ¡Tools, Modelos matemáticos animados y el Glosario multimedia entre otros.

Resumen del Capítulo 11

En este capítulo, explorarás y descubrirás las respuestas a las siguientes
Preguntas esenciales:

- ¿Cuáles son algunas figuras bidimensionales y tridimensionales y cómo puedes mostrar las partes iguales de las figuras?

- ¿Cómo puedes describir algunas figuras bidimensionales y tridimensionales?

- ¿Cómo puedes describir figuras o partes iguales?

Hacer una cometa

por Kathryn Krieger y Christine Ruiz

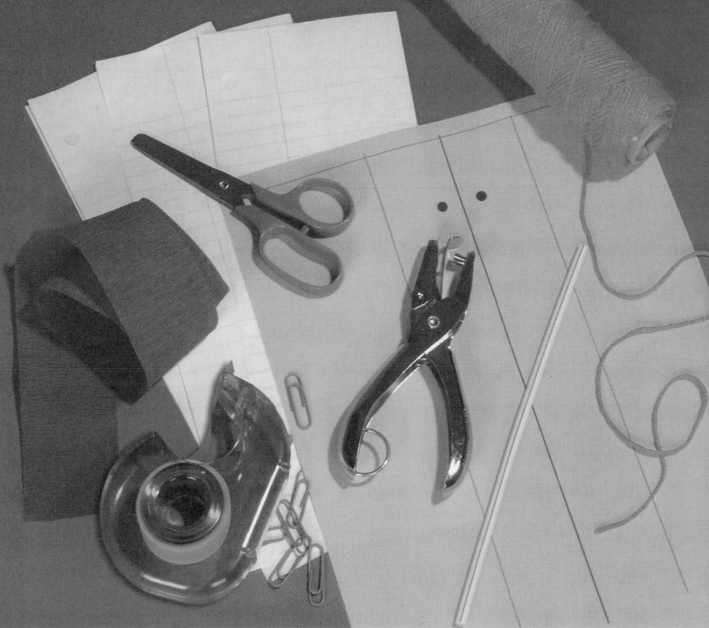

Estándares comunes   **ÁREA DE ATENCIÓN** Usar unidades estándares de medida

Ellie y Mike consiguen los materiales para construir una cometa. Luego construyen el cuerpo de la cometa.

Materiales

patrón de una
   cometa de papel
cinta adhesiva
pajilla
10 clips pequeños
tijeras
perforadora
cuerda
3 hojas de papel
papel de serpentina

1 Dobla el patrón por la mitad.

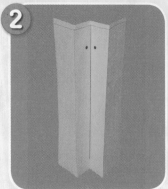

2 Dobla por ambas líneas punteadas.

3 Pega los extremos con cinta adhesiva.

¿Cuáles son las partes de una cometa?

Mike no quiere que la parte delantera de la cometa se doble mucho. Usa una pajilla para que sea más resistente.

Mide 3 clips de largo. Corta.

Pega la pajilla en la línea con cinta adhesiva.

¿Por qué se usa una pajilla como parte de la cometa?

La cometa debe tener una cuerda para que Ellie o Mike la sostengan. Si la cometa no tiene una cuerda, se volará. Ellie atará la cuerda a la cometa.

Perfora un agujero.

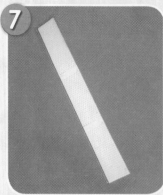

Mide una longitud de 3 hojas de papel de cuerda. Corta.

Pasa la cuerda a través del agujero y átala.

Ciencias

¿Por qué la cometa necesita una cuerda?

La cola ayudará para que la cometa vuele derecha. Mike mide el papel de serpentina y lo pegará a la cometa con cinta adhesiva. ¡Entonces la cometa estará lista!

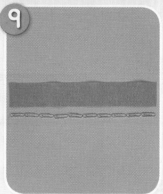

⑨ Mide una longitud de 10 clips de papel de serpentina. Corta.

⑩ Pega con cinta adhesiva la serpentina a la cometa como una cola.

¿Por qué la cometa necesita una cola?

Tú también puedes hacer una cometa. Empieza por el principio de este cuento. Sigue los pasos.

Ciencias

¿Cómo ayudan todas las partes de la cometa para que vuele?

Escribe sobre el cuento

Dibuja y escribe un cuento sobre
la construcción de una cometa.
Explica en tu cuento cómo se miden
las partes de una cometa.

Repaso del vocabulario

medida

longitud

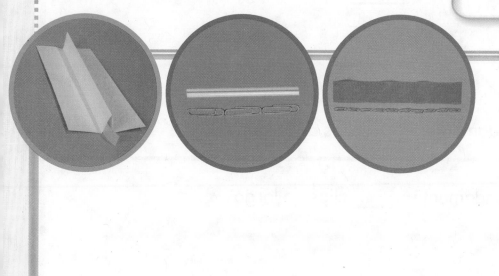

ESCRIBE ▶ **Matemáticas**

_____

_____

_____

_____

_____

¿Cuál es la longitud?

Estima la longitud de cada pajilla.
Luego mide la longitud de cada
pajilla con clips pequeños.

1. Estima: aproximadamente _____ clips de largo

   Mide: aproximadamente _____ clips de largo

2. Estima: aproximadamente _____ clips de largo

   Mide: aproximadamente _____ clips de largo

3. Estima: aproximadamente _____ clips de largo

   Mide: aproximadamente _____ clips de largo

Observa el salón de clases. Busca otros
objetos para medir. Mide la longitud de
cada objeto con clips pequeños.

Capítulo 7

El dinero y la hora

piensa como matemático

Un reloj de sol usa la posición del Sol para mostrar la hora. Tiene números alrededor como la esfera de un reloj. ¿Qué números tiene la esfera de un reloj?

Nombre _____

 Muestra lo que sabes

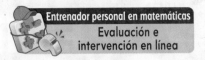 Entrenador personal en matemáticas
Evaluación e
intervención en línea

Ordena los números hasta el 100 en una recta numérica

Escribe el número que viene antes, en el medio o después. (I.NBT.A.I)

1.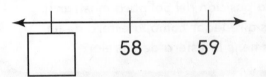

2.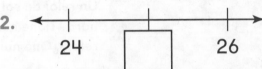

Cuenta salteado de cinco en cinco y de diez en diez

3. Cuenta de cinco en cinco. Escribe cuántos hay en total. (2.NBT.A.2)

_____ _____ colores en total

4. Cuenta de diez en diez. Escribe cuántos hay en total. (2.NBT.A.2)

_____ _____ colores en total

La hora en punto

Escribe la hora que muestra el reloj. (I.MD.B.3)

5.

6.

Esta página es para verificar la comprensión de destrezas
importantes que se necesitan para tener éxito en el Capítulo 7.

Desarrollo del vocabulario

Visualízalo

Completa el organizador gráfico.
Muestra maneras de **contar hacia adelante**.

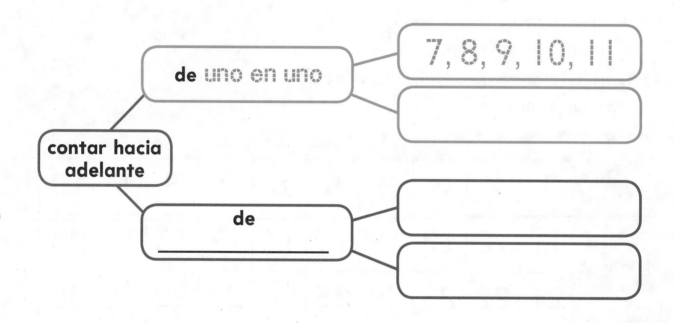

de **uno en uno**   7, 8, 9, 10, 11

contar hacia adelante

de _____

Comprende el vocabulario

Escribe los números que faltan en cada **patrón** de conteo.

1. **Cuenta** de uno en uno.   40, ____, ____, ____, 44, ____, 46, ____

2. **Cuenta** de cinco en cinco.   10, 15, ____, ____, ____, 35, ____, ____

3. **Cuenta** de diez en diez.   20, ____, ____, 50, ____, ____, 80, ____

• Libro interactivo del estudiante
• Glosario multimedia

Juego

Conteo de 5 y de 10

Materiales • 1 ▣   • 1 ▣   • 🔄

Juega con un compañero.

1 Haz girar la flecha de la 🔄 para obtener tu primer número. Coloca tu cubo en ese número.

2 Haz girar la flecha. Cuenta hacia adelante con ese número dos veces.

3 Túrnense. El primer jugador que llegue a 100 gana. Juega otra vez.

10	5
5	10

1	2	3	4	**5**	6	7	8	9	**10**
11	12	13	14	**15**	16	17	18	19	**20**
21	22	23	24	**25**	26	27	28	29	**30**
31	32	33	34	**35**	36	37	38	39	**40**
41	42	43	44	**45**	46	47	48	49	**50**
51	52	53	54	**55**	56	57	58	59	**60**
61	62	63	64	**65**	66	67	68	69	**70**
71	72	73	74	**75**	76	77	78	79	**80**
81	82	83	84	**85**	86	87	88	89	**90**
91	92	93	94	**95**	96	97	98	99	**100**

Vocabulario del Capítulo 7

a. m.

A.M.

1

dólar

dollar

23

hora

hour

32

medianoche

midnight

35

mediodía

noon

36

minuto

minute

39

moneda de 1¢

penny

42

moneda de 5¢

nickel

43

Un **dólar** vale 100 centavos.

Las horas después de la medianoche y antes del mediodía se escriben con **a.m.**

La **medianoche** es las 12:00 de la noche.

Hay 60 minutos en 1 hora.

15 minutos después de las 8
las 8 **y cuarto**

El **mediodía** son las 12 del día.

Una **moneda de 5¢** vale 5 centavos.

Una **moneda de 1¢** vale 1 centavo.

Vocabulario del Capítulo 7 *(continuación)*

moneda de 10¢

dime

44

moneda de 25¢

quarter

45

p. m.

P.M.

48

punto decimal

decimal point

54

símbolo de centavo

cent sign

57

símbolo de dólar $

dollar sign $

58

y cuarto

quarter past

66

Una **moneda de 25¢** vale 25 centavos.

Una **moneda de 10¢** tiene un valor de 10 centavos.

$1.00

↑

punto decimal

Las horas después del mediodía y antes de la medianoche se escriben con **p.m.**

$2.00

↑

símbolo de dólar

53¢

↑

símbolo de centavo

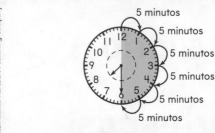

Hay 30 **minutos** en media hora.

¡Vamos a Los Ángeles!

Jugadores: 2 a 4

Materiales

• I 🔲 • I 🔲 • I 🔲 • I 🔲 • I 🎲 • Tarjetas clave

Instrucciones

1. Túrnense para jugar.

2. Para jugar un turno, lanza el 🎲. Muévete esa cantidad de espacios.

3. Si caes en este espacio:

   Espacio azul Usa una palabra de matemáticas para indicar el dibujo o el símbolo que ves. Si el nombre es correcto, avanza 1.

   Espacio rojo El jugador a la derecha saca una Tarjeta clave de la pila y lee la pregunta. Si contestas correctamente, avanza 1.
   Devuelve la Tarjeta clave y colócala en la parte de abajo de la pila.

   Espacio verde Sigue las instrucciones del espacio.

4. El primer jugador que llega a la META es el ganador.

Recuadro de palabras
a.m.
dólar
medianoche
mediodía
moneda de 1¢
moneda de 5¢
moneda de 10¢
moneda de 25¢
p.m.
punto decimal
símbolo de centavo (¢)
símbolo de dólar ($)
y cuarto

INSTRUCCIONES 2 a 4 jugadores. Túrnense para jugar. • Para jugar tu turno, lanza el cubo numerado. Muévete esa cantidad de espacios. • Sigue las instrucciones del espacio en que caes. • El primer jugador que llega a la META es el ganador.

MATERIALES 1 cubo conectable por jugador
• 1 cubo numerado
• 1 juego de tarjetas clave

SALIDA

Visitas la sala de arte del Centro Getty. Avanzas 1.

TARJETA CLAVE

TARJETA CLAVE

Escuchas música en la calle Olvera. Vuelve a jugar.

TARJETA CLAVE

Montas la rueda en el muelle de Santa Mónica. Retrocede 1.

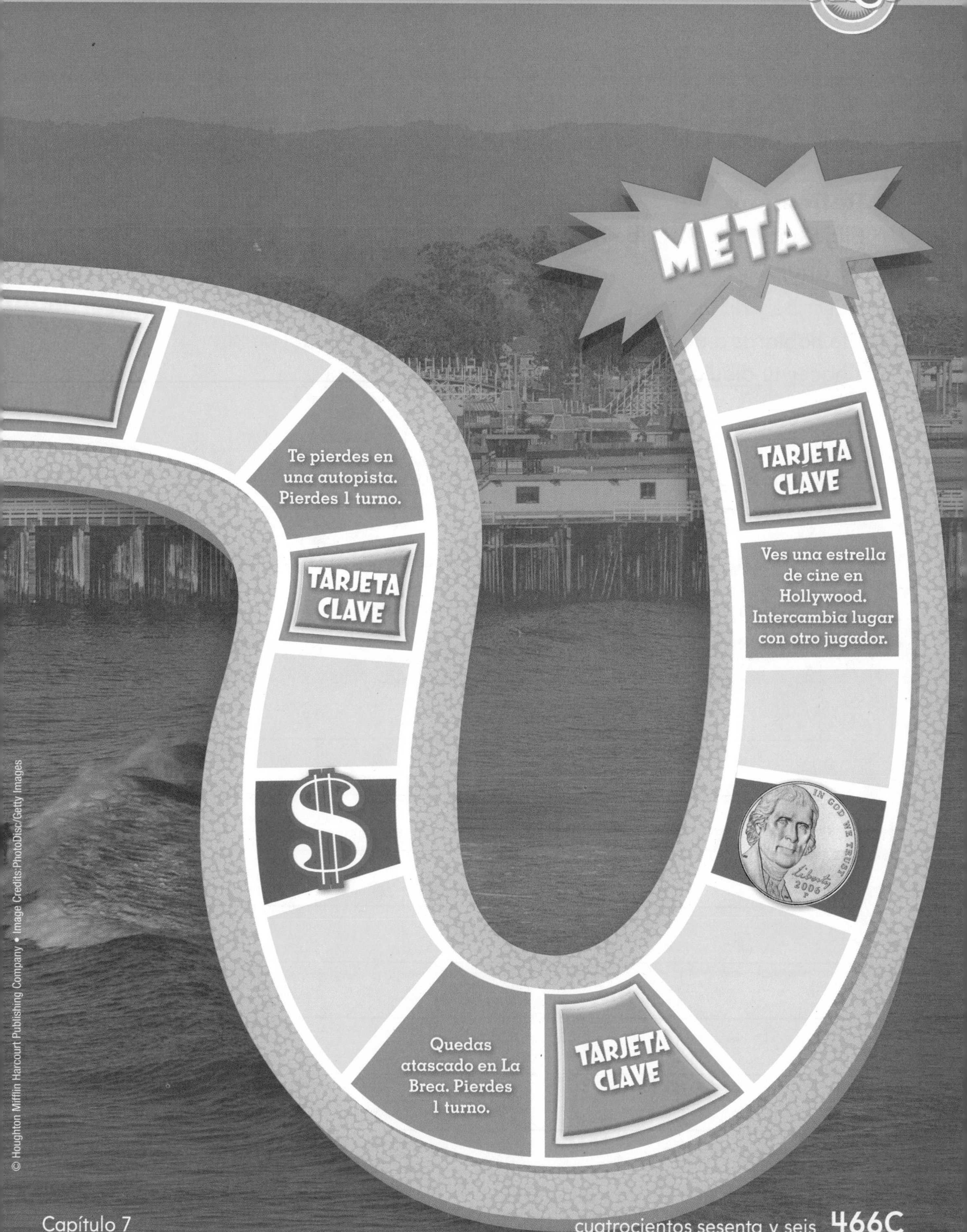

META

TARJETA CLAVE

Ves una estrella de cine en Hollywood. Intercambia lugar con otro jugador.

Te pierdes en una autopista. Pierdes 1 turno.

TARJETA CLAVE

$

Quedas atascado en La Brea. Pierdes 1 turno.

TARJETA CLAVE

Escríbelo

Reflexiona

Elige una idea. Escribe acerca de la idea en el espacio de abajo.

- Escribe y dibuja para explicar la siguiente cantidad como si le hablaras a un niño pequeño. Usa otra hoja de papel para hacer tu dibujo

$1.36

- ¿Qué hora es ahora? Usa al menos **tres** de estos términos en tu respuesta.

    a. m.   medianoche   minuto   mediodía   p. m.   y cuarto

Escribe al menos **tres** cosas que sabes del dinero.

Nombre _____

Monedas de 10¢, monedas de 5¢ y monedas de 1¢

Pregunta esencial ¿Cómo puedes hallar el valor total de un grupo de monedas de 10¢, de 5¢ y de 1¢?

Estándares comunes Medición y datos— 2.MD.C.8

PRÁCTICAS MATEMÁTICAS
MP1, MP4, MP7

Escucha y dibuja En el mundo   Manos a la obra

Clasifica las monedas. Luego dibuja las monedas.

PARA EL MAESTRO • Distribuya monedas de juguete de 10¢, de 5¢ y de 1¢ y comente sus valores. Pida a los niños que clasifiquen las monedas y las dibujen dentro de los tres círculos. Pida a los niños que rotulen los dibujos con los números *1, 5* o *10* para indicar el valor de centavo de cada moneda que dibujen.

Charla matemática   PRÁCTICAS MATEMÁTICAS

Analiza relaciones
¿Cuántas monedas de 1¢ tienen el valor de una moneda de 5¢? Explica.

10 centavos
10¢

 5 centavos
5¢

 I centavo
I¢

moneda de 10¢

¢ es el **símbolo del centavo.**

moneda de 5¢

moneda de 1¢

Cuenta monedas de 10¢ de diez en diez.

10¢, 20¢, 30¢

Cuenta monedas de 5¢ de cinco en cinco.

5¢, 10¢, 15¢

Cuenta de diez en diez. Cuenta de cinco en cinco. Cuenta de uno en uno.

10¢, 20¢, 25¢, 30¢, 31¢, 32¢

32¢

valor total

Comparte y muestra

Cuenta hacia adelante para hallar el valor total.

1.

_____

valor total

2.

_____

valor total

Nombre _____

Recuerda:
Escribe el símbolo de centavo después del número.

Cuenta hacia adelante para hallar el valor total.

3.

_____

☐

valor total

4.

_____

☐

valor total

5.

☐

valor total

6.

☐

valor total

7. **PIENSA MÁS** Maggie tenía 5 monedas de 5¢. Dio 2 monedas de 5¢ a su hermana. ¿Cuál es el valor total de las monedas de 5¢ que Maggie tiene ahora?

_____

Resolución de problemas • Aplicaciones En el mundo

 ESCRIBE ▸ Matemáticas

Resuelve. Escribe o dibuja para explicar.

8. **PRÁCTICA MATEMÁTICA ①** **Analiza** Jackson tiene 4 monedas de 1¢ y 3 monedas de 10¢. Compra una goma de borrar que cuesta 20¢. ¿Cuánto dinero tiene Jackson?

_____

9. **PRÁCTICA MATEMÁTICA ④** **Usa modelos** Dibuja dos maneras de mostrar 25¢. Puedes usar monedas de 10¢, monedas de 5¢ y monedas de 1¢.

10. **PIENSA MÁS** Sue tiene 40¢. Encierra en un círculo las monedas que muestran esta cantidad.

 ACTIVIDAD PARA LA CASA • Haga dibujos de cinco monedas usando monedas de 10¢, de 5¢ y de 1¢. Pida a su niño que halle el valor total.

Monedas de 10¢, monedas de 5¢ y monedas de 1¢

Estándares comunes **ESTÁNDARES COMUNES—2.MD.C.8**
Trabajan con el tiempo y el dinero.

Cuenta hacia adelante para hallar el valor total.

1.

_____

☐

valor total

2.

_____

☐

valor total

3.

_____

☐

valor total

Resolución de problemas

Resuelve. Escribe o dibuja la explicación.

4. Aaron tiene 5 monedas de 10¢ y 2 monedas de 5¢.
¿Cuánto dinero tiene Aaron?

_____

5. **ESCRIBE** **Matemáticas** Dibuja tres monedas de 10¢ y dos monedas de 1¢. Describe cómo contar hacia adelante para hallar el valor total de este grupo de monedas.

Repaso de la lección (2.MD.C.8)

1. ¿Cuál es el valor total de este grupo de monedas?

_____

Repaso en espiral (2.OA.B.2, 2.OA.C.4, 2.NBT.A.1, 2.NBT.A.2)

2. Hayden construye carritos. Cada carrito tiene 4 ruedas. ¿Cuántas ruedas necesitará Hayden para construir 3 carritos?

_____ ruedas

3. ¿Cuál es el valor del dígito subrayado?

4̲29

_____

4. Lillian está contando de cinco en cinco. ¿Qué números dijo después?

40, ____, ____, ____, ____

5. Sophie tiene 12 uvas en su lonchera. Compartió 7 uvas con su hermana. ¿Cuántas uvas tiene Sophie ahora?

12 − 7 = _____

PRACTICA MÁS CON EL
Entrenador personal en matemáticas

Nombre _____

Monedas de 25¢

Pregunta esencial ¿Cómo hallas el valor total
de un grupo de monedas?

Estándares comunes **Medición y datos—
2.MD.C.8**
PRÁCTICAS MATEMÁTICAS
MP6, MP7, MP8

Escucha y dibuja En el mundo   Manos a la obra

Clasifica las monedas. Luego dibuja las monedas.

Charla matemática   **PRÁCTICAS MATEMÁTICAS** 6

Describe por qué el valor de una moneda de 25¢ es mayor que el valor de una moneda de 10¢.

PARA EL MAESTRO • Distribuya monedas de juguete de 25¢, de 10¢ y de 5¢ y comente sus valores. Pida a los niños que clasifiquen las monedas y las dibujen dentro de las tres casillas. Pídales que rotulen los dibujos con 5¢, 10¢ o 25¢.

Una **moneda de 25¢** tiene un valor de 25 centavos.

25¢

Cuenta de veinticinco en veinticinco. Cuenta de diez en diez. Cuenta de uno en uno.

72¢

valor total

25¢, 50¢, 60¢, 70¢, 71¢, 72¢

Comparte y muestra

Recuerda: ¢ es el símbolo de centavo.

Cuenta hacia adelante para hallar el valor total.

1.

valor total

2.

valor total

3.

valor total

Por tu cuenta

Cuenta hacia adelante para hallar el valor total.

4.

_____

☐ valor total

5.

_____

☐ valor total

6.

☐ valor total

7.

☐ valor total

Dibuja y rotula una moneda para resolver.

8. **PIENSA MÁS** La moneda de Ed tiene el mismo valor que un grupo de 5 monedas de 1¢ y 4 monedas de 5¢. ¿Qué moneda tiene?

Resolución de problemas • Aplicaciones

ESCRIBE · Matemáticas

PRÁCTICA MATEMÁTICA 6 Haz conexiones

Lee la pista. Elige el nombre de una moneda de la caja para responder las preguntas.

| moneda de 5¢ | moneda de 10¢ |
| moneda de 25¢ | moneda de 1¢ |

9. Tengo el mismo valor que 5 monedas de 1¢.

¿Qué moneda soy?

_____

10. Tengo el mismo valor que 25 monedas de 1¢.

¿Qué moneda soy?

_____

11. Tengo el mismo valor que 2 monedas de 5¢.

¿Qué moneda soy?

_____

12. Tengo el mismo valor que un grupo de 5 monedas de 5¢.

¿Qué moneda soy?

_____

13. PIENSA MÁS Tom le da estas monedas a su hermano.

Encierra en un círculo el valor de las monedas para completar el enunciado.

Tom le da a su hermano
| 25¢ |
| 65¢ |
| 80¢ |

 ACTIVIDAD PARA LA CASA • Pida a su niño que dibuje dos monedas de 25¢, dos monedas de 10¢ y dos monedas de 5¢ y que luego halle el valor total.

Monedas de 25¢

Estándares comunes **ESTÁNDARES COMUNES—2.MD.C.8**
Trabajan con el tiempo y el dinero.

Cuenta hacia adelante para hallar el valor total.

1.

_____

☐

valor total

2.

_____

valor total

Resolución de problemas

Lee la pista. Elige el nombre de una moneda de la caja para responder la pregunta.

moneda de 5¢	moneda de 10¢
moneda de 25¢	moneda de 1¢

3. Tengo el mismo valor que un grupo de 2 monedas de 10¢ y 1 moneda de 5¢. ¿Qué moneda soy?

_____

4. **ESCRIBE** **Matemáticas** Dibuja monedas para mostrar 39¢. Describe cómo contar para hallar el valor total de este grupo de monedas.

_____

Repaso de la lección (2.MD.C.8)

I. ¿Cuál es el valor total de este
    grupo de monedas?

_____

Repaso en espiral (2.OA.A.1, 2.OA.C.3, 2.NBT.A.3, 2.NBT.A.4)

2. Encierra en un círculo el número
    impar.

    8   14   17   22

3. Kai anotó 4 puntos y Gail anotó
    7 puntos. ¿Cuántos puntos
    anotaron en total?

    $4 + 7 =$ _____ puntos

4. Había 382 sillas en el
    espectáculo. Escribe un número
    que sea mayor que 382.

    _____

5. Escribe el número 61 usando
    palabras.

PRACTICA MÁS CON EL
**Entrenador personal
en matemáticas**

Nombre _____

Contar monedas

Pregunta esencial ¿Cómo ordenas las monedas para hallar el valor total de un grupo de monedas?

 **Estándares comunes** Medición y datos— 2.MD.C.8
PRÁCTICAS MATEMÁTICAS
MP4, MP6, MP8

Alinea las monedas desde la de mayor valor hasta la de menor valor. Luego dibuja las monedas en ese orden.

mayor   menor

mayor   menor

PARA EL MAESTRO • Dé a cada niño una mezcla de cuatro monedas de juguete. Pida a los niños que ordenen sus monedas y que luego las dibujen. Pida a los niños que intercambien conjuntos de monedas y repitan la actividad.

PRÁCTICAS MATEMÁTICAS 6

Describe cómo se comparan los valores de los diferentes tipos de monedas.

Capítulo 7

Ordena las monedas desde la de mayor valor hasta la de menor valor. Luego halla el valor total.

Cuenta los centavos.
25, 50, 60, 61, 62

_____
valor total

Comparte y muestra MATH BOARD

Dibuja y rotula las monedas desde la de mayor valor hasta la de menor valor. Halla el valor total.

Recuerda: Escribe el símbolo de centavo.

1.

_____

2.

_____

3.

_____

Nombre _____

Por tu cuenta MATH BOARD

Dibuja y rotula las monedas desde la de mayor
valor hasta la de menor valor. Halla el valor total.

4.

_____

5.

_____

6.

_____

7.

_____

8. *MÁS AL DETALLE* Andy compra
un envase de jugo de 75¢
con monedas de 25¢ y de
5¢ solamente. Muestra la
cantidad de dinero que
gastó de dos maneras.

_____ moneda de 25¢ y

_____ monedas de 5¢

_____ monedas de 25¢ y

_____ monedas de 5¢

Resolución de problemas • Aplicaciones En el mundo

 ESCRIBE · Matemática

Resuelve. Escribe o dibuja para explicar.

9. **PIENSA MÁS** Paulo tenía estas monedas.

Gastó 1 moneda de 25¢.
¿Cuánto dinero le queda?

_____

10. Rachel tiene 2 monedas de 25¢, 3 monedas
de 10¢ y 1 moneda de 5¢ en su alcancía.
Quiere comprar un libro que cuesta 90¢.
¿Cuánto dinero le falta?

_____

11. **MÁS AL DETALLE** Blake tiene solo monedas de 5¢
y monedas de 10¢. Tiene el doble de monedas
de 5¢ que de 10¢. El valor total de sus monedas
es 60¢. ¿Qué monedas tiene Blake?

_____ monedas de 5¢   _____ monedas de 10¢

12. **PIENSA MÁS** Malik tiene estas monedas en su bolsillo.
¿Cuál es el valor total de las monedas?

_____

 ACTIVIDAD PARA LA CASA • Pida a su niño que
dibuje y rotule monedas con un valor total de 32¢.

Contar monedas

Estándares
comunes

ESTÁNDARES COMUNES—2.MD.C.8
Trabajan con el tiempo y el dinero.

**Dibuja y rotula las monedas desde la de mayor
hasta la de menor valor. Halla el valor total.**

I.

_____

2.

_____

Resolución de problemas En el mundo

Resuelve. Escribe o dibuja la explicación.

3. Rebecca tiene estas monedas.
Gasta 1 moneda de 25¢.
¿Cuánto dinero le queda?

_____

4. ✏️ ESCRIBE ▸ **Matemáticas** Dibuja dos
monedas de 10¢, 1 moneda de
5¢ y 2 monedas de 25¢. Describe
cómo ordenarlas y luego cuenta
para hallar el valor total de las
monedas.

Repaso de la lección (2.MD.C.8)

1. ¿Cuál es el valor total de este grupo de monedas?

_____

Repaso en espiral (2.OA.B.2, 2.NBT.A.1, 2.NBT.A.3, 2.NBT.B.8)

2. ¿Qué número tiene 100 más que 562?

_____

3. Describe 58 como una suma de decenas y unidades.

_____

4. Peter ayuda a su abuela a recoger nueces. Encuentra 6 nueces a su izquierda y 3 a su derecha. ¿Cuántas nueces encontró Peter en total?

$6 + 3 =$ ____ nueces

5. ¿Qué números muestran los bloques?

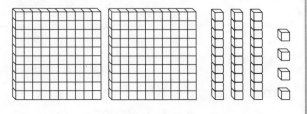

_____

PRACTICA MÁS CON EL
Entrenador personal en matemáticas

Nombre _____

Mostrar cantidades de dos maneras

Pregunta esencial ¿Cómo eliges las monedas para mostrar una cantidad de dinero de diferentes maneras?

Estándares comunes Medición y datos—2.MD.C.8

PRÁCTICAS MATEMÁTICAS
MP1, MP4, MP8

Escucha y dibuja *En el mundo*

Muestra la cantidad con monedas. Dibuja las monedas. Escribe la cantidad.

PARA EL MAESTRO • Distribuya monedas de juguete. Diga a los niños que usen monedas para mostrar 27 centavos. Luego pídales que dibujen las monedas y escriban la cantidad. Repita la actividad con 51 centavos.

Charla matemática

PRÁCTICAS MATEMÁTICAS

¿Puedes mostrar 10¢ con 3 monedas? **Explica** cómo lo sabes.

Estas son dos maneras de mostrar 30¢.

Observa la manera de Matthew. Si intercambias 2 monedas de 10¢ y 1 moneda de 5¢ por 1 moneda de 25¢, las monedas mostrarán la manera de Alicia.

Cuenta los centavos. Comienza con las monedas de 10¢.

Cuenta los centavos. Comienza con la moneda de 25¢.

Matthew

30¢

Alicia

30¢

Comparte y muestra MATH BOARD

Usa monedas. Muestra la cantidad de dos maneras. Dibuja y rotula las monedas.

1.

61¢

2.

36¢

Por tu cuenta

Usa monedas. Muestra la cantidad de dos maneras.
Dibuja y rotula las monedas.

3.

55¢

4.

90¢

5.

75¢

6. **PIENSA MÁS** Teresa tiene 42¢.
No tiene ninguna moneda de 10¢.
Dibuja para mostrar qué
monedas podría tener.

Resolución de problemas • Aplicaciones

PRÁCTICA MATEMÁTICA ④ Haz un modelo de matemáticas

Usa monedas para resolver.

7. Leo compra un bolígrafo por 50¢. Dibuja monedas para mostrar dos maneras diferentes de pagar 50¢.

8. **PRÁCTICA MATEMÁTICA ①** Comprende los problemas

Delia usó 4 monedas para comprar un libro de 40¢. Dibuja monedas que muestren dos maneras de pagar 40¢ con 4 monedas.

9. **PIENSA MÁS** Rellena el círculo al lado de todos los grupos de monedas con un valor total de 30¢.

○ 6 monedas de 10¢

○ 1 moneda de 25¢ y 1 moneda de 5¢

○ 2 monedas de 5¢ y 2 monedas de 10¢

○ 3 monedas de 5¢ y 5 monedas de 1¢

 ACTIVIDAD PARA LA CASA • Con su niño, túrnense para dibujar diferentes maneras de mostrar 57¢ con monedas.

Mostrar cantidades de dos maneras

Estándares comunes

ESTÁNDARES COMUNES—
2.MD.C.8
Trabajan con el tiempo y el dinero.

**Usa monedas. Muestra la cantidad de dos maneras.
Dibuja y rotula las monedas.**

1.

39¢

2.

70¢

Resolución de problemas

3. Madeline usó menos de 5 monedas
   para pagar 60¢. Dibuja monedas
   que muestren una manera de pagar 60¢.

4. ESCRIBE ▸ Matemáticas Dibuja monedas para mostrar 57¢ de dos maneras.
   Describe qué monedas se usan cada vez.

_____

Repaso de la lección (2.MD.C.8)

1. Encierra en un círculo el grupo de monedas que tiene el mismo valor total.

Repaso en espiral (2.OA.B.2, 2.NBT.A.1, 2.NBT.A.3)

2. Escribe el número 31 como una suma de unidades y decenas.

2 decenas _____ unidades

3. Escribe 13 decenas como una suma de centenas y decenas.

_____ centena _____ decenas

4. ¿Cuál es el valor del dígito subrayado?

2<u>8</u>

_____

5. El equipo de sóftbol de Baylie anotó 5 carreras en la primera entrada y 6 carreras en la segunda entrada. ¿Cuántas carreras anotó su equipo?

5 + 6 = _____ carreras

PRACTICA MÁS CON EL
Entrenador personal
en matemáticas
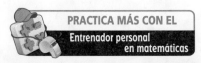

Nombre _____

Un dólar

Pregunta esencial ¿Cómo puedes mostrar el valor de un dólar con monedas?

Estándares comunes Medición y datos—2.MD.C.8
PRÁCTICAS MATEMÁTICAS
MP1, MP6, MP7

Escucha y dibuja En el mundo

Dibuja las monedas. Escribe el valor total.

_____

_____

PARA EL MAESTRO • Pida a los niños que dibujen ocho monedas de 5¢ en la primera casilla y que luego cuenten para hallar el valor total. Pida a los niños que dibujen ocho monedas de 10¢ en la segunda casilla y que luego cuenten para hallar el valor total.

Charla matemática **PRÁCTICAS MATEMÁTICAS** 6

¿Cuántas monedas de 1¢ tienen un valor de 80¢? **Explica.**

Un **dólar** tiene el mismo valor que 100 centavos.

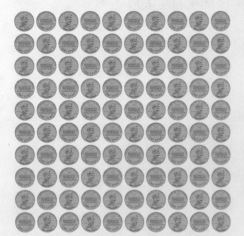

$1.00 = 100¢

símbolo de dólar ⟶ ⟵ **punto decimal**

El punto decimal separa los dólares de los centavos.

Comparte y muestra 〔MATH BOARD〕

Dibuja las monedas para mostrar $1.00. Escribe el valor total.

Cuenta 100 centavos por un dólar.

1. monedas de 5¢

2. monedas de 25¢

_____

3. monedas de 10¢

_____

Nombre _____

Encierra en un círculo monedas para formar $1.00.
Tacha las monedas que no uses.

4.

5.

6. **MÁS** AL DETALLE Warren tiene $1.00. Guarda 2 monedas de 25¢ y usa el resto para comprar un lápiz. Dibuja y rotula las monedas que usa para comprar el lápiz.

7. **PIENSA** MÁS Sara tiene estas monedas. Dibuja más monedas para mostrar $1.00.

ACTIVIDAD PARA LA CASA • Pida a su niño que dibuje un grupo de monedas que muestren $1.00.

Nombre _____

 Revisión de la mitad del capítulo

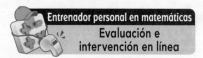
Entrenador personal en matemáticas
Evaluación e
intervención en línea

Conceptos y destrezas

Cuenta hacia adelante para hallar el valor total. (2.MD.C.8)

1.

☐

valor total

2.

☐

valor total

Usa monedas. Muestra la cantidad de dos maneras.
Dibuja y rotula las monedas. (2.MD.C.8)

3.

31¢

4. PIENSA MÁS Mary usó
estas monedas para
comprar una carpeta.
¿Cuál es el valor total
de estas monedas? (2.MD.C.8)

☐

valor total

Nombre _____

Un dólar

Estándares comunes

ESTÁNDARES COMUNES—
2.MD.C.8
Trabajan con el tiempo y el dinero.

Encierra en un círculo monedas para
formar $1.00. Tacha las monedas que no uses.

1.

2.

Resolución de problemas · En el mundo

3. Dibuja más monedas para mostrar $1.00 en total.

4. ESCRIBE Matemáticas Dibuja
monedas para mostrar una
manera de formar $1.00
usando monedas de 5¢ y
de 25¢ solamente.

Repaso de la lección (2.MD.C.8)

I. ¿Qué grupo de monedas tiene un valor de $1.00?

○   ○   ○

Repaso en espiral (2.OA.C.3, 2.NBT.A.2, 2.NBT.A.3, 2.MD.C.8)

2. Escribe 692 usando palabras.

_____

3. Keith comió 7 almendras, luego comió otras 7. ¿Es el total de almendras un número par o impar?

7 + 7 = ____ almendras

_____

4. ¿Cuál es el valor total de 1 moneda de 25¢ y 3 monedas de 5¢?

_____

5. Kristin cuenta de diez en diez. ¿Cuál es el siguiente número que ella dice?

230, _____,

_____, _____

PRACTICA MÁS CON EL
Entrenador personal
en matemáticas

Nombre _____

Cantidades mayores que $1

Pregunta esencial ¿Cómo muestras cantidades de dinero mayores que un dólar?

Estándares comunes Medición y datos—2.MD.C.8

PRÁCTICAS MATEMÁTICAS
MP4, MP7

Escucha y dibuja En el mundo

Dibuja y rotula las monedas.
Escribe el valor total.

_____
valor total

Charla matemática

PRÁCTICAS MATEMÁTICAS 7

Busca estructuras
Explica cómo hallaste el valor total de las monedas de la alcancía.

PARA EL MAESTRO • Lea el siguiente problema: Dominic tiene 1 moneda de 25¢, 2 monedas de 10¢, 3 monedas de 5¢ y 1 moneda de 1¢ en su alcancía. ¿Cuánto dinero hay en la alcancía de Dominic? Pida a los niños que dibujen y rotulen monedas como ayuda para resolver el problema.

Cuando escribas cantidades mayores que un dólar,
usa un símbolo de dólar y un punto decimal.

$1.00

$1.27
valor total

$1.50
valor total

Comparte y muestra

MATH BOARD

Encierra en un círculo el dinero que forma $1.00. Luego
escribe el valor total del dinero que se muestra.

☑ 1.

_____

☑ 2.

_____

Nombre _____

Encierra en un círculo el dinero que forma $1.00. Luego escribe el valor total del dinero que se muestra.

3.

_____

4.

_____

5.

_____

6. PIENSA MÁS Martin usó 3 monedas de 25¢ y 7 monedas de 10¢ para comprar una cometa. ¿Cuánto dinero usó?

_____

Matemáticas al instante

Resolución de problemas • Aplicaciones

7. **MÁS AL DETALLE** Pam tiene menos de 9 monedas. Las monedas tienen un valor total de $1.15. ¿Qué monedas podría tener?

Dibuja las monedas. Luego escribe una lista de sus monedas.

_____

_____

8. **PIENSA MÁS +** Jason colocó este dinero en su alcancía.

Encierra en un círculo la cantidad para completar el enunciado.

Jason colocó un total de

$1.10
$1.15
$1.35

en su alcancía.

 ACTIVIDAD PARA LA CASA • Con su niño, túrnense para dibujar monedas o un billete de $1 y monedas con un valor total de $1.23.

Cantidades mayores que $1

Estándares comunes ESTÁNDARES COMUNES—
2.MD.C.8
Trabajan con el tiempo y el dinero.

Encierra en un círculo el dinero que forma $1.00.
Luego escribe el valor total del dinero que se muestra.

1.

_____

2.

_____

Resolución de problemas

Resuelve. Escribe o dibuja la explicación.

3. Grace tiene $1.10. Gasta 75¢ en un juguete.
¿Cuánto dinero le devolvieron?

_____

4. **ESCRIBE** **Matemáticas** Escribe sobre cómo
usar el símbolo de dólar y el
punto decimal para mostrar el valor
total de 5 monedas de 25¢.

Repaso de la lección (2.MD.C.8)

1. Julie tiene este dinero en su alcancía.
¿Cuál es el valor total de este dinero?

_____

Repaso en espiral (2.OA.B.2, 2.NBT.B.5, 2.NBT.B.8)

2. Julia tiene 79 plantas de calabaza y 42 plantas de pimiento en su jardín. ¿Cuántas plantas de vegetales tiene Julia en su jardín en total?

$$
\begin{array}{r}
7\ 9 \\
+\ 4\ 2 \\
\hline
\end{array}
$$

3. ¿Cuál es la diferencia?

$$
\begin{array}{r}
6\ 1 \\
-\ 2\ 7 \\
\hline
\end{array}
$$

---

4. ¿Qué número tiene 100 menos que 694?

_____

5. Escribe una operación de suma que tenga la misma suma que 6 + 5.

$10 +$ _____

PRACTICA MÁS CON EL
Entrenador personal
en matemáticas

Nombre _____

Resolución de problemas • Dinero

Pregunta esencial ¿Cómo una dramatización te permite resolver problemas sobre dinero?

Estándares comunes Medición y datos—2.MD.C.8

PRÁCTICAS MATEMÁTICAS
MP1, MP4, MP6

Kendra le dio 2 monedas de 10¢, 2 monedas de 5¢, 1 moneda de 25¢ y dos billetes de $1 a su hermana. ¿Cuánto dinero dio Kendra a su hermana?

Soluciona el problema

¿Qué debo hallar?

cuánto dinero

le dio Kendra

a su hermana

¿Qué información debo usar?

Kendra le dio a su hermana

2 monedas de 10¢,

_____

_____

Muestra cómo resolver el problema.
Haz un dibujo para mostrar el dinero que usó Kendra.

Kendra le dio a su hermana _____.

NOTA A LA FAMILIA • Su niño usó dinero de juguete para hacer una dramatización del problema. Representar problemas con materiales puede ser una estrategia útil para que los niños resuelvan problemas.

Capítulo 7

quinientos tres **503**

Usa monedas y billetes de juguete para resolver.
Haz un dibujo para mostrar lo que hiciste.

- ¿Qué debo hallar?
- ¿Qué información debo usar?

1. Jacob tiene dos billetes de $1, 2 monedas de 10¢ y 3 monedas de 1¢ en el bolsillo. ¿Cuánto dinero tiene Jacob en el bolsillo? _____

2. Amber usó 2 monedas de 25¢, 1 moneda de 5¢, 1 moneda de 10¢ y tres billetes de $1 para comprar un juguete. El juguete cuesta $1.05. ¿Cuánto dinero le queda a Amber? _____

Charla matemática

PRÁCTICAS MATEMÁTICAS 6

Explica cómo hallaste la cantidad de dinero del bolsillo de Jacob.

Comparte y muestra

Usa monedas y billetes de juguete para resolver.
Haz un dibujo para mostrar lo que hiciste.

3. Val usó 3 monedas de 25¢, 2 monedas de
5¢, 2 monedas de 1¢ y un billete de $1 para
comprar un libro. ¿Cuánto dinero usó Val
para comprar el libro?

_____

4. Derek tiene dos billetes de $1, 2 monedas
de 25¢ y 6 monedas de 10¢. ¿Cuánto
dinero tiene?

_____

5. **PIENSA MÁS** Katy tiene 3 monedas de 25¢, 2 monedas
de 5¢, 2 monedas de 10¢ y 3 monedas de 1¢. ¿Cuántas
monedas de 1¢ más necesita para tener $1.10?

_____ monedas de 1¢ más

Resolución de problemas • Aplicaciones

 ESCRIBE ▸ Matemáticas

6. PRÁCTICA MATEMÁTICA ① Comprende los problemas

Víctor ahorra 75¢ el lunes y $1.25 el martes. Luego gasta $1.00 para alquilar una película. Dibuja y rotula cuánto dinero le queda a Víctor.

7. PIENSA MÁS   Ross usó 3 monedas de 25¢, 4 monedas de 10¢, 3 monedas de 5¢ y 5 monedas de 1¢ para comprar una tarjeta. ¿Cuánto dinero usó Ross para comprar la tarjeta? Haz un dibujo para mostrar cómo resolver el problema.

ACTIVIDAD PARA LA CASA • Pida a su niño que explique cómo resolvió uno de los problemas de esta lección.

© Houghton Mifflin Harcourt Publishing Company

Nombre _____

Resolución de problemas • Dinero

Estándares comunes

ESTÁNDARES COMUNES—
2.MD.C.8
Trabajan con el tiempo y el dinero

Usa monedas y billetes de juguete para resolver.
Haz un dibujo para mostrar lo que hiciste.

1. Sara tiene 2 monedas de 25¢, 1 moneda de 5¢ y
   dos billetes de $1. ¿Cuánto dinero tiene Sara?

   _____

2. Brad tiene $1.65. Gasta 75¢ para comprar
   una tarjeta. ¿Cuánto dinero le devuelven?

   _____

3. El Sr. Morgan le dio 1 moneda de 25¢,
   3 monedas de 5¢, 4 monedas de 1¢ y un
   billete de $1 al empleado. ¿Cuánto dinero le
   dio el Sr. Morgan al empleado?

   _____

4. **ESCRIBE** Matemáticas Escribe o dibuja para
   explicar cómo hallarías el valor total de
   dos billetes de $1 y 3 monedas de 25¢.

Repaso de la lección (2.MD.C.8)

I. Luis tiene dos billetes de $1 y 4 monedas de 10¢. ¿Cuánto dinero tiene Luis?

_____

2. Dawn tiene 2 monedas de 25¢, I moneda de 5¢ y un billete de $1. ¿Cuánto dinero tiene Dawn?

_____

Repaso en espiral (2.OA.B.2, 2.NBT.A.3, 2.NBT.A.4, 2.NBT.B.8)

3. ¿Cuál es el valor del dígito subrayado?

5<u>6</u>

____

4. Cecilia recolectó 342 monedas de 1¢ para su clase. Mark recolectó 243 monedas de 1¢. ¿Usa <, > o = para comparar. ¿Quién recolectó más?

342 ____ 243

_____ recolectó más.

5. El perro de Brooke tiene 15 galletas. Se comió 8 galletas. ¿Cuántas galletas le quedan?

$15 - 8 = $ _____

6. ¿Cuál es el siguiente número de este patrón?

225, 325, 425, 525, _____

PRACTICA MÁS CON EL
Entrenador personal
en matemáticas

La hora y la media hora

Pregunta esencial ¿Cómo puedes indicar la hora y la media hora en un reloj?

Estándares comunes Medición y datos—2.MD.C.7

PRÁCTICAS MATEMÁTICAS
MP5, MP6, MP8

Escucha y dibuja *En el mundo*

Dibuja el horario para mostrar cada hora.

 PARA EL MAESTRO • Nombre las horas y las medias horas. Comience por las 3:00. Pida a los niños que dibujen el horario para mostrar la hora. Repita la actividad para las 5:00 y media, las 11:00 y las 8:00 y media.

 Charla matemática

PRÁCTICAS MATEMÁTICAS 5

Comunica Describe dónde apunta el horario para mostrar las 4:00 y media.

El minutero tarda 5 **minutos** en moverse de un número al número siguiente en la esfera de un reloj.

Las manecillas del reloj de estos relojes muestran las 4:00 y las 4:30. Escribe la hora debajo de los relojes.

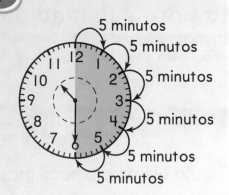

El número 30 indica que pasaron 30 minutos después de la hora.

Comparte y muestra MATH BOARD

Observa las manecillas del reloj. Escribe la hora.

1.

✓ 2.

✓ 3.

Por tu cuenta

Observa las manecillas del reloj. Escribe la hora.

4.

5.

6.

7.

8.

9.

10. PIENSA MÁS   Observa la hora.
Dibuja el horario y el minutero para
mostrar la misma hora.

Resolución de problemas • Aplicaciones En el mundo

11. PRÁCTICA MATEMÁTICA **6** Haz conexiones

Allie almuerza cuando el horario apunta a la mitad entre el 11 y el 12, y el minutero apunta al 6. ¿A qué hora almuerza Allie? Muestra la hora en ambos relojes.

¿Cómo sabes qué hora escribir en el reloj digital? Explica.

_____

_____

_____

12. PIENSA MÁS Empareja los relojes que muestran la misma hora.

ACTIVIDAD PARA LA CASA • Pida a su niño que describa lo que sabe sobre la esfera del reloj.

La hora y la media hora

Estándares comunes **ESTÁNDARES COMUNES—
2.MD.C.7**
Trabajan con el tiempo y el dinero.

**Observa las manecillas del reloj. Escribe
la hora.**

1.

2.

3.

Resolución de problemas En el mundo

4. La lección de guitarra de Amy comienza a
las 4:00. Dibuja las manecillas del
reloj que muestren esa hora.

5. **ESCRIBE Matemáticas** Dibuja un reloj para
mostrar que son las 2:30. Describe
cómo decidiste adónde deben
apuntar las manecillas del reloj.

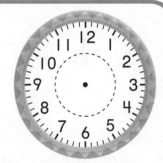

_____

_____

_____

Repaso de la lección (2.MD.C.7)

1. ¿Qué hora es en este reloj?

_____

2. ¿Qué hora es en este reloj?

_____

Repaso en espiral (2.OA.C.3, 2.NBT.A.1, 2.NBT.A.4, 2.MD.C.8)

3. Rachel tiene un billete de $1, 3 monedas de 25¢ y 2 monedas de 1¢. ¿Cuánto dinero tiene Rachel?

_____

4. Escribe <, >, o = para comparar 260 y 362.

260 _____ 362

5. ¿Qué número muestran estos bloques?

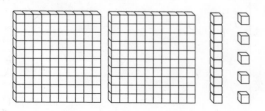

_____

6. Encierra en un círculo los números pares.

1   3   4   5

PRACTICA MÁS CON EL
Entrenador personal en matemáticas

Nombre _____

La hora cada 5 minutos

Pregunta esencial ¿Cómo indicas y muestras la hora cada 5 minutos?

Estándares comunes Medición y datos—2.MD.C.7

PRÁCTICAS MATEMÁTICAS
MP4, MP6, MP8

Escucha y dibuja En el mundo

Dibuja el horario y el minutero para mostrar la hora.

 PARA EL MAESTRO • Lea el siguiente problema y pida a los niños que dibujen el horario y el minutero para mostrar cada hora. Sofía va a la clase de música a las 10:30. Va al patio de juegos a las 11:00. Almuerza a las 11:30. Muestra las horas en las que Sofía hace estas actividades.

Charla matemática

PRÁCTICAS MATEMÁTICAS 6

Describe adónde apunta el minutero para mostrar media hora.

¿Qué significa cuando el minutero apunta al 7?

Cuenta de cinco en cinco hasta que llegues al 7.

Recuerda:
El minutero se mueve de un número al siguiente cada 5 minutos.

El horario apunta entre el 10 y el 11.
El minutero apunta al 7.

La hora es __10:35__.

Hay 60 minutos en 1 **hora**.

Comparte y muestra MATH BOARD

Observa las manecillas del reloj. Escribe la hora.

1.

2.

3.

4.

5.

6.

Por tu cuenta

Observa las manecillas del reloj. Escribe la hora.

7.

8.

9.

10.

11.

12.

PRÁCTICA MATEMÁTICA ④ **Usa modelos** Observa la hora. Dibuja el minutero para mostrar la misma hora.

13.

7:25

14.

1:50

15.

5:05

Resolución de problemas • Aplicaciones En el mundo

Dibuja las manecillas del reloj para mostrar la hora. Luego escribe la hora.

16. **PIENSA MÁS** Mi horario apunta entre el 8 y el 9. En 35 minutos será la próxima hora. ¿Qué hora es?

17. **MÁS AL DETALLE** El Sr. Brady repara computadoras averiadas. Observa las horas de inicio y final de reparación de una computadora. ¿Cuántos minutos trabajó en la computadora?

Inicio

Final

_____

18. **PIENSA MÁS** Ángel almuerza a las 12:45. Ángel tarda 10 minutos en almorzar. Dibuja el minutero en el reloj para mostrar la hora en que Ángel termina de almorzar. Escribe la hora.

_____ : _____

 ACTIVIDAD PARA LA CASA • Pida a su niño que dibuje una esfera de reloj en blanco grande y use dos lápices como manecillas del reloj para mostrar diferentes horas.

La hora cada 5 minutos

Estándares comunes

ESTÁNDARES COMUNES—2.MD.C.7
Trabajan con el tiempo y el dinero.

Observa las manecillas del reloj. Escribe
la hora.

1.

2.

3.

Resolución de problemas

Dibuja el minutero para mostrar la
hora. Luego escribe la hora.

4. Mi horario apunta entre el 4 y el 5.
Mi minutero apunta al 9.
¿Qué hora muestro?

5. ESCRIBE ▶ Matemáticas Dibuja un reloj que
muestre las 2:50. Explica cómo sabes
adónde apuntan las manecillas
del reloj.

_____

_____

_____

Repaso de la lección (2.MD.C.7)

1. ¿Qué hora es en este reloj?

_____

2. ¿Qué hora es en este reloj?

_____

Repaso en espiral (2.OA.A.1, 2.OA.B.2, 2.NBT.A.1a, 2.NBT.A.1b)

3. ¿Cuál es la suma?

$$1 + 6 + 8 = \underline{\quad}$$

4. ¿Qué número tiene el mismo valor que 30 decenas?

_____

5. Steven tiene 3 hileras de juguetes. Hay 4 juguetes en cada hilera. ¿Cuántos juguetes hay en total?

____ juguetes

6. Jill tiene 14 botones. Compra 8 botones más. ¿Cuántos botones tiene Jill en total?

$$\begin{array}{r} 14 \\ + 8 \\ \hline \end{array}$$

botones

PRACTICA MÁS CON EL
Entrenador personal en matemáticas

Práctica: Decir la hora

Pregunta esencial ¿Cuáles son las maneras de leer la hora en un reloj?

 Medición y datos—2.MD.C.7

PRÁCTICAS MATEMÁTICAS
MP1, MP6, MP8

Escucha y dibuja En el mundo

Escribe la hora en los relojes digitales.
Luego rotula los relojes con los nombres de los niños.

___

___

___

___

PARA EL MAESTRO • Primero pida a los niños que escriban la hora de cada reloj analógico. Luego escriba *Luke, Beth, Ivy* y *Rohan* en el pizarrón. Diga a los niños que escuchen los nombres para rotular cada hora. Luke juega fútbol a las 3:25. Beth almuerza a las 11:45. Ivy lee un libro a las 6:10. Rohan desayuna a las 7:15.

Charla matemática

PRÁCTICAS MATEMÁTICAS

¿Adónde apuntaría el minutero para mostrar 15 minutos después de la hora en punto? **Explica**.

Hay diferentes maneras de escribir y decir la hora.

8 y 15 minutos
8 **y cuarto**

8 y 30 minutos
8 y media

Comparte y muestra

Dibuja el minutero para mostrar la hora. Escribe la hora.

1. 1 y 15 minutos

2. 9 y media

3. 5 y cuarto

4. 10 y cuarto

5. 3 y 40 minutos

6. 7 y media

Por tu cuenta

Dibuja el minutero para mostrar la hora.
Escribe la hora.

7. 11 y 15 minutos

8. 4 y cuarto

9. 8 y 25 minutos

10. 6 y 10 minutos

11. 2 y media

12. 3 y 45 minutos

13. 7 y 5 minutos

14. 12 y 30 minutos

15. 10 y cuarto

Resolución de problemas • Aplicaciones En el mundo

ESCRIBE Matemáticas

16. **PIENSA MÁS** Lily almuerza a las 12 y cuarto. Meg almuerza a las 12:30. Katie almuerza a las 12:15. ¿Qué niñas almuerzan a la misma hora?

Matemáticas al instante

_____ y _____

17. **PRÁCTICA MATEMÁTICA 6** Explica La práctica de fútbol comienza a las 4:30. Gabe llega a la práctica de fútbol a las 4:15. ¿Llega antes o después de que comienza la práctica? Explica.

_____

_____

_____

18. **PIENSA MÁS** ¿Qué hora marca el reloj? Rellena el círculo al lado de todas las formas de escribir o decir la hora.

○ 3:25

○ 5 y cuarto

○ 3 y 5 minutos

○ 3 y 25 minutos

ACTIVIDAD PARA LA CASA • Diga una hora con 5 minutos. Pida a su niño que describa adónde apuntan las manecillas del reloj a esta hora.

Práctica: Decir la hora

Estándares comunes **ESTÁNDARES COMUNES—2.MD.C.7**
Trabajan con el tiempo y el dinero.

Dibuja el minutero para mostrar la hora. Escribe la hora.

I. 7 y cuarto

2. 3 y media

3. I y 50 minutos

4. II y cuarto

Resolución de problemas

Dibuja las manecillas del reloj para resolver.

5. Josh llega a la escuela a las 8 y media.
Muestra esta hora en el reloj.

6. ESCRIBE ▸ Matemáticas Escribe la
hora 8:30. Luego escribe esta
hora en palabras de dos
maneras diferentes.

_____

_____

Repaso de la lección (2.MD.C.7)

1. Escribe la hora de este reloj usando palabras.

_____

Repaso en espiral (2.NBT.A.3, 2.MD.C.7, 2.MD.C.8)

2. ¿Cuál es el valor de este grupo de monedas?

_____

---

3. ¿Qué hora es en este reloj?

_____

4. Escribe seiscientos cuarenta y siete de otra manera.

_____

© Houghton Mifflin Harcourt Publishing Company

PRACTICA MÁS CON EL
Entrenador personal en matemáticas

Nombre _____

Uso de a. m. y p. m.

Pregunta esencial ¿Cómo usas a. m. y p. m. para describir la hora?

Estándares comunes Medición y datos—2.MD.C.7

PRÁCTICAS MATEMÁTICAS
MP1, MP6, MP7

Escucha y dibuja *En el mundo*

Dibuja las manecillas del reloj para mostrar cada hora. Luego escribe cada hora.

Mañana	Noche

PRÁCTICAS MATEMÁTICAS

Charla matemática

Describe algunas actividades que haces tanto en la mañana como en la noche.

PARA EL MAESTRO • Pida a los niños que hagan un dibujo y escriban un rótulo para una actividad que realizan en la mañana y para una actividad que realizan en la noche. Luego pídales que muestren en los relojes la hora en que realizan cada actividad.

Mediodía son las 12:00 del día.

Medianoche son las 12:00 de la noche.

Las horas después de la medianoche y antes del mediodía se escriben con **a. m.**
11:00 a. m. es en la mañana.

Las horas después del mediodía y antes de la medianoche se escriben con **p. m.**
11:00 p. m. es en la noche.

Comparte y muestra   MATH BOARD

Escribe la hora. Luego encierra en un círculo **a. m.** o **p. m.**

1. desayunar

7:15

 a. m.

p. m.

2. ir a la clase de arte

a. m.

p. m.

☑3. hacer la tarea

a. m.

p. m.

☑4. llegar a la escuela

a. m.

p. m.

Nombre _____

Por tu cuenta

Escribe la hora. Luego encierra en un círculo **a. m.** o **p. m.**

5. ir a la biblioteca

a. m.

p. m.

6. ir a la clase de ciencias

a. m.

p. m.

7. almorzar

a. m.

p. m.

8. observar la luna

a. m.

p. m.

9. **PIENSA MÁS**   Usa las horas de la lista para completar el cuento.

Don llegó a la escuela a las _____.

Su clase fue a la biblioteca a las

_____. Después de la escuela,

Don leyó un libro a las _____.

10:15 a. m.

3:20 p. m.

8:30 a. m.

Resolución de problemas • Aplicaciones En el mundo

 ESCRIBE ▸ Matemáticas

10. **MÁS AL DETALLE** En esta línea cronológica se muestran algunas horas. Escribe un rótulo para cada punto que nombre algo que haces en la escuela durante esa parte del día.

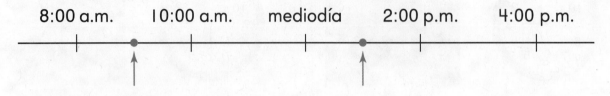

8:00 a.m.   10:00 a.m.   mediodía   2:00 p.m.   4:00 p.m.

_____   _____

¿A qué horas podrías decir que están ubicados los puntos en la línea cronológica?

_____ y _____

Entrenador personal en matemáticas

11. **PIENSA MÁS +** El reloj marca la hora en la que Jane va al recreo. Escribe la hora. Luego encierra en un círculo a. m. o p. m.

a. m.

_____

p. m.

El recreo duró una hora. Escribe la hora a la que terminó el recreo. Escribe a. m. o p. m.

_____

 ACTIVIDAD PARA LA CASA • Nombre algunas actividades y sus horas. Pida a su niño que diga a. m. o p. m. para las horas.

Uso de a. m. y p. m.

Estándares comunes **ESTÁNDARES COMUNES—2.MD.C.7**
Trabajan con el tiempo y el dinero.

Escribe la hora. Luego encierra en un círculo a. m. o p. m.

1. pasear al perro

a. m.

p. m.

2. terminar de desayunar

a. m.

p. m.

Resolución de problemas En el mundo

Usa las horas de la lista. Completa el problema.

3. Jess se levanta a las _____. Toma el

autobús a las _____ y va a la escuela.

Jess sale de la escuela a las _____.

| 3:15 p. m. |
| 8:30 a. m. |
| 7:00 a. m. |

4. **ESCRIBE** ▸ **Matemáticas** Escribe dos
actividades escolares que
haces en la mañana y dos
actividades escolares que
haces en la tarde. Escribe las
horas para estas actividades
usando a. m. o p. m.

_____

_____

_____

_____

_____

_____

Repaso de la lección (2.MD.C.7)

1. El reloj muestra cuándo termina el partido de fútbol. Escribe la hora. Luego encierra en un círculo a. m. o p. m.

_____

a.m.

p.m.

2. El reloj muestra cuándo Jeff se levanta para ir a la escuela. Escribe la hora. Luego encierra en un círculo a. m. o p. m.

_____

a.m.

p.m.

Repaso en espiral (2.NBT.A.3, 2.NBT.B.7, 2.MD.C.7, 2.MD.C.8)

3. ¿Qué moneda tiene el mismo valor que 25 monedas de 1¢? Dibuja tu respuesta.

4. Describe 72 como una suma de decenas y unidades.

_____ + _____

5. Al comienzo del año escolar había 437 estudiantes de segundo grado en la escuela Woods. Durante el transcurso del año, llegaron 24 estudiantes más al segundo grado. ¿Cuántos estudiantes de segundo grado había al final del año?

$$
\begin{array}{r}
4\,3\,7 \\
+\ \ 2\,4 \\
\hline
\end{array}
$$

estudiantes de segundo grado

6. ¿Qué hora es las 3 y cuarto?

_____

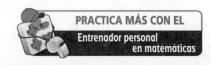
PRACTICA MÁS CON EL
Entrenador personal en matemáticas

Nombre _____

Entrenador personal en matemáticas
Evaluación e
intervención en línea

✓ Repaso y prueba del Capítulo 7

I. Andrea paga $2.15 por una cuerda para saltar.

Rellena el círculo al lado de todas las formas que muestran $2.15.

○ dos billetes de $1, 1 moneda de 10¢ y
1 moneda de 5¢

○ un billete de $1, 4 monedas de 25¢ y
1 moneda de 10¢

○ dos billetes de $1 y 1 moneda de 25¢

○ un billete de $1, 3 monedas de 25¢ y
4 monedas de 10¢

---

2. El reloj muestra la hora en que Michael desayuna.

Escribe la hora. Encierra en un círculo a. m. o p. m.

_____ a. m.

_____ p. m

Indica cómo supiste si debías seleccionar a. m. o p. m.

_____

_____

_____

3. ¿Tiene este grupo de monedas un valor total de 60¢? Elige Sí o No.

2 monedas de 25¢ y 1 moneda de 10¢   ○ Sí   ○ No

1 moneda de 25¢, 2 monedas de 10¢
y 3 monedas de 5¢   ○ Sí   ○ No

5 monedas de 10¢, 1 moneda de 5¢
y 6 monedas de 1¢   ○ Sí   ○ No

4 monedas de 5¢ y 20 monedas de 1¢   ○ Sí   ○ No

4. **MÁS AL DETALLE** Tess dio a Raúl estas monedas. Tess dice que le dio a Raúl $1.00. ¿Es correcto? Explica.

_____

_____

5. Escribe la hora que se muestra en este reloj.

_____ : _____

6. ¿Qué hora se muestra en el reloj? Rellena el círculo al lado de todas las formas de escribir o decir la hora.

○ 4:35   ○ 4 y 35 minutos

○ 7:20   ○ 4 y cuarto

534 quinientos treinta y cuatro

© Houghton Mifflin Harcourt Publishing Company

Entrenador personal en matemáticas

7. PIENSA MÁS ➕ Alicia tiene este dinero en el bolsillo.

Encierra en un círculo la cantidad para completar el enunciado.

Alicia tiene un total de

| $1.40 |
| $1.60 |
| $1.70 |

en su bolsillo.

8. El padre de Kate le dio estas monedas. Escribe el valor de las monedas. Explica cómo hallaste el valor total.

_____

_____

_____

_____

9. Escribe la hora que muestran los relojes.

_____   _____   _____

10. Ben tiene 30¢. Encierra en un círculo las monedas que muestren esta cantidad.

11. Mia compra manzanas que cuestan 76¢.

Dibuja y rotula monedas para mostrar un valor total de 76¢.

Longitud en unidades del sistema usual

Piensa como matemático

El río Misuri es el río más largo de los Estados Unidos.

¿Cuál es el mueble más largo de tu salón de clases? ¿Cómo podrías averiguarlo?

Nombre _____

 **Muestra lo que sabes**

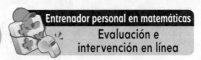
Entrenador personal en matemáticas
Evaluación e
intervención en línea

Compara longitudes

I. Ordena los lápices del más corto al más largo.
Escribe I, 2 y 3.

_____

_____

_____

Mide la longitud con unidades no convencionales

Usa objetos reales y ▊ para medir. (1.MD.A.2)

2.

aproximadamente _____ ▊

3. **Crayón**

aproximadamente _____ ▊

Mide la longitud dos veces: Unidades no convencionales

Primero usa ⬭. Luego usa 🔲.
Mide la longitud del lápiz. (1.MD.A.2)

4. aproximadamente _____
⬭

5. aproximadamente _____ 🔲

**Esta página es para verificar la comprensión de destrezas
importantes que se necesitan para tener éxito en el Capítulo 8.**

Desarrollo del vocabulario

Palabras de repaso

el más corto
el más largo
longitud
más corto
más largo

Visualízalo

Completa el organizador gráfico para describir la longitud de diferentes objetos.

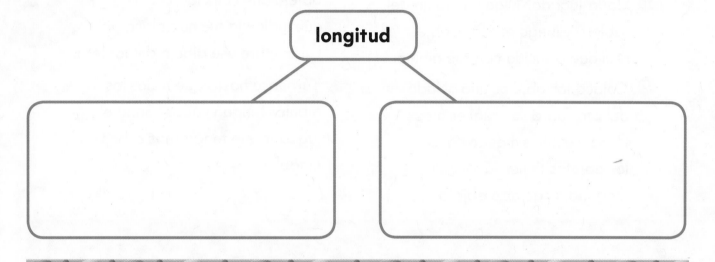

longitud

Comprende el vocabulario

Usa las palabras de repaso. Completa las oraciones.

1. El lápiz azul es _____.

2. El lápiz rojo es _____.

3. El lápiz rojo es _____ que el lápiz amarillo.

4. El lápiz azul es _____ que el lápiz amarillo.

• Libro interactivo del estudiante
• Glosario multimedia

Juego ¿Más corto o más largo?

Materiales

• 9 ▪ • 9 ▪ • ◑

Juega con un compañero.

1. Cada jugador elige un dibujo del tablero y luego busca el objeto real que coincida con ese dibujo.

2. Coloca los objetos uno al lado del otro para ver cuál es más largo y cuál es más corto. Si los objetos tienen la misma longitud, elige otro objeto.

3. Haz girar la flecha giratoria. El jugador que tenga el objeto que coincida con lo que indica la flecha coloca un cubo sobre ese dibujo del tablero.

4. Túrnense hasta que todos los dibujos tengan cubos. Gana el jugador que tenga más cubos en el tablero.

Más largo | Más cort

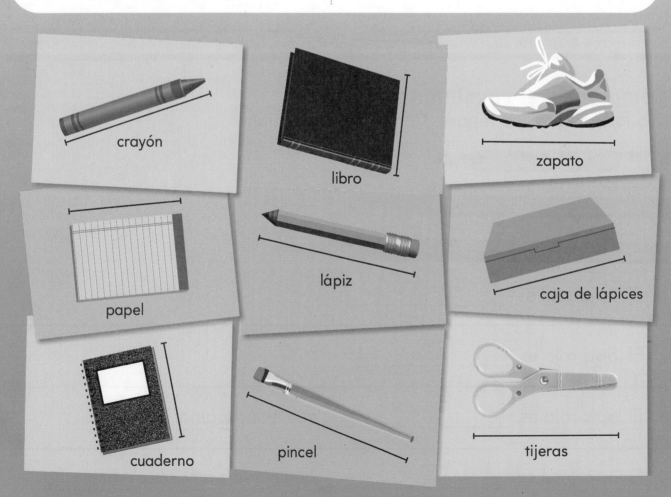

crayón

libro

zapato

papel

lápiz

caja de lápices

cuaderno

pincel

tijeras

Vocabulario del Capítulo 8

cinta métrica

measuring tape

8

datos

data

17

diagrama de puntos

line plot

19

estimación

estimate

29

pie

foot

51

pulgada

inch

53

regla de 1 yarda

yardstick

56

suma

sum

59

Almuerzo favorito	
Almuerzo	**Conteo**
pizza	IIII
sándwich	⊬⊬ I
ensalada	III
pasta	⊬⊬

La información en esta tabla se llama **datos**.

Una **estimación** es una cantidad que indica aproximadamente cuántos hay.

```
        X
    X   X
X   X   X   X       X   X
+---+---+---+---+---+---+---+
5   6   7   8   9   10  11
```

Longitudes de pinceles en pulgadas

```
0    pulgadas    1        2
```

Esta es una **pulgada**.

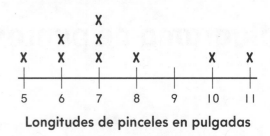

I **pie** equivale a 12 pulgadas.

4 + 2 = 6
↑
suma

Una **regla de I yarda** es una herramienta de medir que muestra 3 pies.

Adivina la palabra

Jugadores: 3 a 4

Materiales

- cronómetro

Instrucciones

1. Túrnense para jugar.

2. Elige una palabra de matemáticas, pero no la digas en voz alta.

3. Coloquen el cronómetro en 1 minuto.

4. Da una pista para tu palabra. Da a cada jugador una oportunidad para adivinar la palabra.

5. Si nadie adivina correctamente, repite el Paso 4 con otra pista. Repite hasta que un jugador adivine la palabra o hasta que se acabe el tiempo. En cada turno da una pista diferente para la palabra.

6. El primer jugador que adivina la palabra obtiene 1 punto. Si el jugador puede usar la palabra en una oración, obtiene 1 punto más. Luego a ese jugador le corresponde el siguiente turno.

7. El primer jugador en obtener 5 puntos es el ganador.

Recuadro de palabras

cinta métrica
datos
diagrama de
  puntos
estimar
pie
pulgada
regla de
  1 yarda
suma

Escríbelo

Reflexiona

Elige una idea. Escribe acerca de la idea en el espacio de abajo.

- ¿Cuándo medirías la longitud de un objeto? ¿Cuándo estimarías su longitud? Escribe 2 o 3 oraciones para explicar.

- Explica cuándo usarías cada uno de estos instrumentos de medida.

  cinta métrica   regla de I yarda
     regla de pulgadas

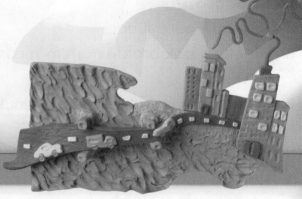

- Di al menos **dos** cosas que sabes de un diagrama de puntos.

Nombre _____

Medir con modelos de pulgadas

Pregunta esencial ¿Cómo se mide la longitud con modelos de pulgadas?

Estándares comunes **Medición y datos—2.MD.A.1**
PRÁCTICAS MATEMÁTICAS
MP2, MP5, MP6; MP8

Escucha y dibuja *En el mundo*

Mide la longitud con fichas cuadradas de colores.

_____ fichas cuadradas de colores

_____ fichas cuadradas de colores

_____ fichas cuadradas de colores

Charla matemática **PRÁCTICAS MATEMÁTICAS** 6

Presta atención a la precisión Describe cómo medir la longitud de un objeto con fichas cuadradas de colores.

NOTA A LA FAMILIA • Su niño usó fichas cuadradas de colores como una introducción a la medición de longitud antes de usar instrumentos de medida convencionales.

© Houghton Mifflin Harcourt Publishing Company

Una ficha cuadrada de colores mide aproximadamente
1 **pulgada** de largo.

¿Cuántas pulgadas de largo mide aproximadamente esta cuerda?

> Cuenta las fichas cuadradas de colores para hallar cuántas pulgadas de largo mide la cuerda.

La cuerda mide 4 fichas cuadradas de colores de largo.

Por lo tanto, la cuerda mide aproximadamente _____4_____ pulgadas de largo.

Comparte y muestra

Usa fichas cuadradas de colores. Mide la longitud del objeto en pulgadas.

1.

   aproximadamente _____ pulgadas

2.

   aproximadamente _____ pulgadas

✓ 3.

   aproximadamente _____ pulgadas

✓ 4.

   aproximadamente _____ pulgadas

Nombre _____

Usa fichas cuadradas de colores. Mide la longitud del objeto en pulgadas.

5.

aproximadamente _____ pulgadas

6.

aproximadamente _____ pulgadas

7.

aproximadamente _____ pulgadas

8.

aproximadamente _____ pulgadas

9.

aproximadamente _____ pulgadas

10. _MÁS AL DETALLE_ Las cadenas de papel azul tienen 4 pulgadas de largo. Las cadenas de papel rojo tienen 3 pulgadas de largo. ¿Cuántas se necesitan para tener una cadena de papel de 10 pulgadas?

_____ cadena de papel azul   _____ cadenas de papel rojo

Resolución de problemas • Aplicaciones En el mundo

ESCRIBE Matemáticas

11. **PIENSA MÁS** Las cadenas de papel azul tienen 8 pulgadas de largo. Las cadenas de papel rojo tienen 6 pulgadas de largo. ¿Cuántas se necesitan para tener una cadena de papel de 22 pulgadas?

_____ cadenas de papel azul

_____ cadena de papel rojo

12. **PRÁCTICA MATEMÁTICA ②** **Usa el razonamiento** Liza tiene una cinta que mide 12 pulgadas de largo. Debe cortarla en piezas de 4 pulgadas de largo cada una. ¿Cuántas piezas puede cortar?

_____ piezas

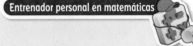
Entrenador personal en matemáticas

13. **PIENSA MÁS +** Jeremy midió una cuerda con fichas cuadradas de colores. Cada ficha cuadrada tiene 1 pulgada de longitud. ¿Cuánto mide la cuerda? Encierra en un círculo el número de la casilla válido para que el enunciado sea verdadero.

La cuerda mide aproximadamente

2
3
4

pulgadas de largo.

ACTIVIDAD PARA LA CASA • Pida a su niño que mida la longitud de algunos objetos de la casa usando varios objetos pequeños (como clips).

Medir con modelos en pulgadas

Estándares comunes **ESTÁNDARES COMUNES—2.MD.A.1**
Miden y estiman las longitudes usando unidades estándares.

Usa fichas cuadradas de colores.
Mide la longitud del objeto en pulgadas.

I.

aproximadamente _____ pulgadas

2.

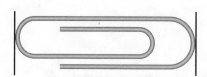

aproximadamente _____ pulgadas

3.

aproximadamente _____ pulgadas

Resolución de problemas En el mundo

4. Observa tu salón de clases.
Halla un objeto que mida aproximadamente
4 pulgadas de largo.
Dibuja y rotula el objeto.

5. **ESCRIBE ▸ Matemáticas** Describe cómo hallarías un objeto
que midiera aproximadamente 8 pulgadas de largo.

Repaso de la lección (2.MD.A.1)

1. Jessie usó fichas cuadradas de colores para medir la cuerda. Cada ficha de color mide 1 pulgada. La cuerda mide aproximadamente

_____ pulgadas de longitud.

Repaso en espiral (2.NBT.B.5, 2.MD.C.7, 2.MD.C.8)

2. Adam tiene estas monedas. ¿Cuál es el valor total de las monedas?

_____

3. Observa las manecillas del reloj. ¿Qué hora muestra el reloj?

____:____

4. Hank tiene 84 canicas en una bolsa. Su amigo Mario tiene 71 canicas en su bolsa. ¿Cuántas canicas tienen los dos en total?

$$\begin{array}{r} 84 \\ + 71 \\ \hline \end{array}$$

Nombre _____

Hacer y usar una regla

Pregunta esencial ¿Por qué el uso de una regla se parece al uso de una hilera de fichas cuadradas de colores para medir la longitud?

Estándares comunes Medición y datos—
2.MD.A.1
PRÁCTICAS MATEMÁTICAS
MP5, MP6

Escucha y dibuja (En el mundo) (Manos a la obra)

Usa fichas cuadradas de colores. Forma la longitud dada. Traza a lo largo del borde para mostrar la longitud.

4 pulgadas

2 pulgadas

3 pulgadas

Charla matemática

PRÁCTICAS MATEMÁTICAS 6

Describe cómo supiste cuántas fichas cuadradas de colores tuviste que usar para cada longitud.

NOTA A LA FAMILIA • Su niño usó fichas cuadradas de colores como modelos de 1 pulgada para mostrar varias longitudes. A través de esta actividad el concepto de unidades de pulgadas se vuelve más familiar.

Haz una regla sobre una tira de papel con una ficha cuadrada de colores. Colorea 6 partes que midan aproximadamente 1 pulgada de largo cada una.

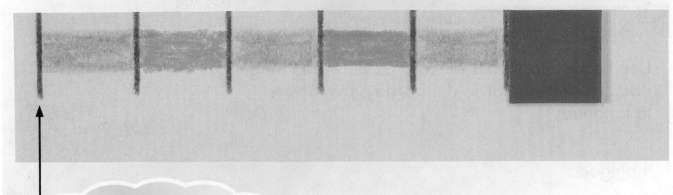

Cómo usar tu regla:
Alinea el borde izquierdo de un objeto con la primera marca.

Comparte y muestra

Mide la longitud con tu regla.
Cuenta las pulgadas.

1.

aproximadamente _____ pulgadas

2.

aproximadamente _____ pulgadas

3.

aproximadamente _____ pulgadas

Por tu cuenta — MATH BOARD

Mide la longitud con tu regla.
Cuenta las pulgadas.

4.

aproximadamente _____ pulgadas

5.

aproximadamente _____ pulgadas

6.

aproximadamente _____ pulgadas

7.

aproximadamente _____ pulgadas

8.

aproximadamente _____ pulgadas

Resolución de problemas • Aplicaciones En el mundo

ESCRIBE Matemáticas

9. PIENSA MÁS Trabaja con un compañero.
Usen sus reglas para medir la longitud
de un tablero de anuncios o una ventana.
¿Cuál es la longitud?

aproximadamente _____ pulgadas

10. PRÁCTICA MATEMÁTICA 6 Explica Describe lo que hiciste
en el Ejercicio 9. ¿Cómo midieron una longitud
más larga que sus reglas?

_____

_____

_____

11. PIENSA MÁS Mide la longitud del estambre con tu regla.
¿Describen los enunciados el estambre? Elige Sí o No.

El estambre mide 2 pulgadas de largo.	○ Sí	○ No
El estambre mide 3 pulgadas de largo.	○ Sí	○ No
El estambre mide menos de 3 pulgadas.	○ Sí	○ No
El estambre mide más de 2 pulgadas.	○ Sí	○ No

ACTIVIDAD PARA LA CASA • Elija un objeto de esta
lección. Pida a su niño que busque objetos que sean más
largos, aproximadamente de la misma longitud o más cortos.

Nombre _____

Hacer y usar una regla

ESTÁNDARES COMUNES—2.MD.A.1
*Miden y estiman las longitudes usando
unidades estándares.*

Estándares
comunes

Mide la longitud con tu regla.
Cuenta las pulgadas.

I.

aproximadamente _____ pulgadas

2.

aproximadamente _____ pulgadas

3.

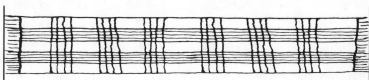

aproximadamente _____ pulgadas

Resolución de problemas En el mundo

4. Usa tu regla. Mide la longitud
de esta página en pulgadas.

aproximadamente _____ pulgadas

5. ESCRIBE ▶ Matemáticas ¿Qué prefieres usar, fichas cuadradas
de colores o tu regla para medir la longitud de un objeto?
Explica tu elección.

_____

Repaso de la lección (2.MD.A.1)

1. Usa tu regla. ¿Cuál es la longitud de esta cinta?

aproximadamente _____ pulgadas

Repaso en espiral (2.OA.C.4, 2.NBT.B.7, 2.MD.C.7, 2.MD.C.8)

2. ¿Qué hora muestra este reloj?

_____ : _____

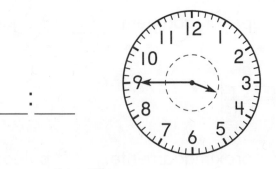

3. ¿Cuál es el valor total de estas monedas?

_____ centavos

4. El primer grupo reunió 238 latas. El segundo grupo reunió 345 latas. ¿Cuántas latas reunieron los dos grupos?

_____

5. Hay 2 niños en cada hilera. ¿Cuántos niños hay en 5 hileras?

_____ niños

PRACTICA MÁS CON EL
Entrenador personal en matemáticas

Nombre _____

Estimar longitudes en pulgadas

Pregunta esencial ¿Cómo se estima la longitud de los objetos en pulgadas?

Estándares comunes Medición y datos—
2.MD.A.3
PRÁCTICAS MATEMÁTICAS
MP1, MP6, MP7

Escucha y dibuja En el mundo Manos a la obra

Elige tres objetos. Mide su longitud con tu regla.
Dibuja los objetos y escribe su longitud.

aproximadamente _____ pulgadas

aproximadamente _____ pulgadas

aproximadamente _____ pulgadas

 Charla matemática

PRÁCTICAS MATEMÁTICAS 6

Describe en qué se diferencian las tres longitudes. ¿Cuál es el objeto más largo?

PARA EL MAESTRO • Proporcione un conjunto de objetos pequeños, de 2 a 6 pulgadas de longitud, para que los niños midan. Pídales que elijan un objeto, que lo midan y lo devuelvan antes de elegir otro.

La cuenta mide 1 pulgada de largo. Usa esta cuenta como ayuda para hallar cuántas cuentas cabrían en la cuerda. ¿Cuál es la mejor estimación de la longitud de la cuerda?

2 pulgadas   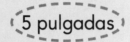 5 pulgadas   8 pulgadas

2 pulgadas es muy corta.   5 pulgadas parece correcta.   8 pulgadas es muy larga.

Comparte y muestra

Encierra en un círculo la mejor estimación de la longitud de la cuerda.

1.

1 pulgada   3 pulgadas   5 pulgadas

2.

2 pulgadas   4 pulgadas   6 pulgadas

3.

4 pulgadas   6 pulgadas   8 pulgadas

Nombre _____

Encierra en un círculo la mejor estimación de la longitud de la cuerda.

4.

4 pulgadas   7 pulgadas   10 pulgadas

5.

3 pulgadas   6 pulgadas   9 pulgadas

6.

1 pulgada   3 pulgadas   5 pulgadas

7. **PIENSA MÁS** Usa la marca de 1 pulgada. Estima la longitud de cada cinta.

Estimaciones:

cinta roja: aproximadamente _____ pulgadas

cinta azul: aproximadamente _____ pulgadas

Resolución de problemas • Aplicaciones En el mundo

 ESCRIBE · Matemáticas

PRÁCTICA MATEMÁTICA ① Analiza relaciones

8. Sasha tiene una cuerda que tiene la longitud de 5 cuentas. Cada cuenta mide 2 pulgadas de largo. ¿Cuál es la longitud de la cuerda?

_____ pulgadas

9. Maurice tiene una cuerda que mide 15 pulgadas de largo. Tiene cuentas que miden 3 pulgadas de largo cada una. ¿Cuántas cuentas cabrán en la cuerda?

_____ cuentas

10. **PIENSA MÁS** Tameka tiene esta cuerda. Tiene muchas cuentas que miden 1 pulgada de largo, como esta cuenta azul. ¿Cuál es la mejor estimación de la longitud de la cuerda? Dibuja más cuentas en la cuerda para mostrar tu estimación.

_____ pulgadas

 ACTIVIDAD PARA LA CASA • Con su niño, estime la longitud en pulgadas de algunos objetos pequeños, como libros.

Estimar longitudes en pulgadas

ESTÁNDARES COMUNES—2.MD.A.3
Miden y estiman las longitudes usando unidades estándares.

Estándares comunes

La cuenta mide I pulgada de largo.
Encierra en un círculo la mejor estimación
de la longitud de la cuerda.

1.

    I pulgada   4 pulgadas   7 pulgadas

2.

    3 pulgadas   6 pulgadas   9 pulgadas

3.

    2 pulgadas   3 pulgadas   6 pulgadas

Resolución de problemas

Resuelve. Escribe o dibuja para explicar.

4. Ashley tiene algunas cuentas. Cada cuenta mide
   2 pulgadas de largo. ¿Cuántas cuentas cabrán
   en una cuerda que mide 8 pulgadas de largo?

   _____ cuentas

5. **ESCRIBE**) **Matemáticas** Describe una manera con la que
   alguien pudiera estimar la longitud de un libro.

Repaso de la lección (2.MD.A.3)

1. La cuenta mide 1 pulgada de largo.
   Estima la longitud de la cuerda.

_____ pulgadas

Repaso en espiral (2.OA.A.1, 2.NBT.B.6, 2.MD.C.7)

2. Dibuja las manecillas del reloj para
   mostrar 5 minutos después de las 6.

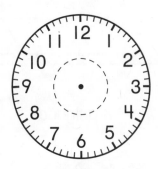

3. Elsa lee 16 páginas de su libro el
   lunes y 26 páginas el martes. El
   libro tiene 64 páginas. ¿Cuántas
   páginas más le quedan a Elsa
   por leer?

   _____ páginas

4. ¿Cuál es la suma?

   $38 + 24 =$ _____

PRACTICA MÁS CON EL
Entrenador personal
en matemáticas

Nombre _____

Medir con una regla en pulgadas

Pregunta esencial ¿Cómo usas una regla en pulgadas para medir longitudes?

Estándares comunes · **Medición y datos—2.MD.A.1**
PRÁCTICAS MATEMÁTICAS
MP2, MP5, MP6

Escucha y dibuja En el mundo

Dibuja las orugas que coincidan con la longitud que te dan.

Charla matemática · PRÁCTICAS MATEMÁTICAS 2

Usa el razonamiento
Describe cómo decidiste de qué largo dibujar las orugas de 2 pulgadas y de 3 pulgadas.

PARA EL MAESTRO • Pida a los niños que usen las reglas que hicieron en la Lección 8.2 para dibujar una oruga que mida 1 pulgada de largo. Pida a los niños que usen la oruga de 1 pulgada de largo como guía para dibujar una oruga que mida 2 pulgadas de largo y una oruga que mida 3 pulgadas de largo sin usar la regla.

Capítulo 8

Representa y dibuja

¿Cuál es la longitud de la cuerda a la pulgada más cercana?

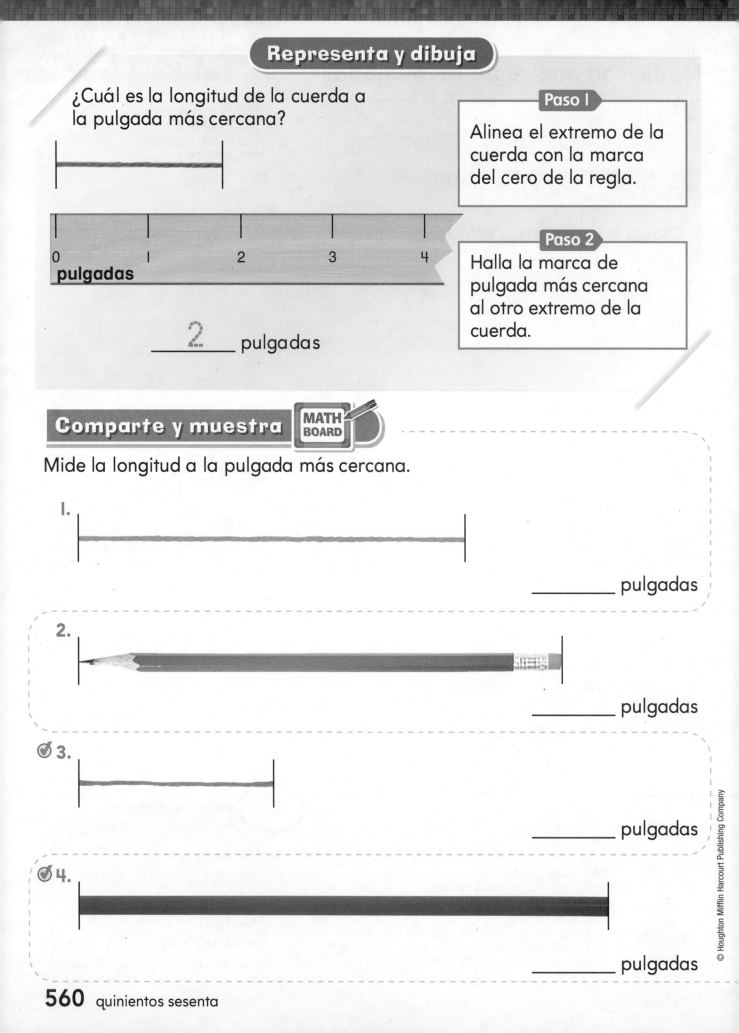

Paso 1

Alinea el extremo de la cuerda con la marca del cero de la regla.

pulgadas

Paso 2

Halla la marca de pulgada más cercana al otro extremo de la cuerda.

_2_ pulgadas

Comparte y muestra   MATH BOARD

Mide la longitud a la pulgada más cercana.

1.

_____ pulgadas

2.

_____ pulgadas

3.

_____ pulgadas

4.

_____ pulgadas

560 quinientos sesenta

© Houghton Mifflin Harcourt Publishing Company

Nombre _____

Mide la longitud a la pulgada más cercana.

5.

_____ pulgadas

6.

ORANGE CRAYÓN ORANGE

_____ pulgadas

7.

_____ pulgadas

8.

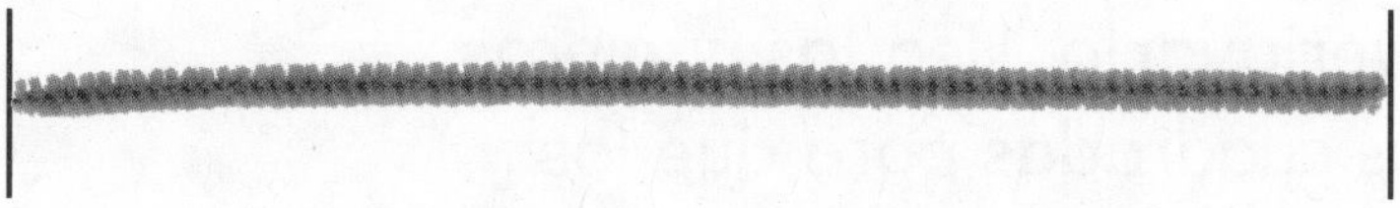

_____ pulgadas

9. MÁS AL DETALLE Mide las longitudes a la pulgada más cercana. ¿Cuánto más corta es la cinta que el estambre?

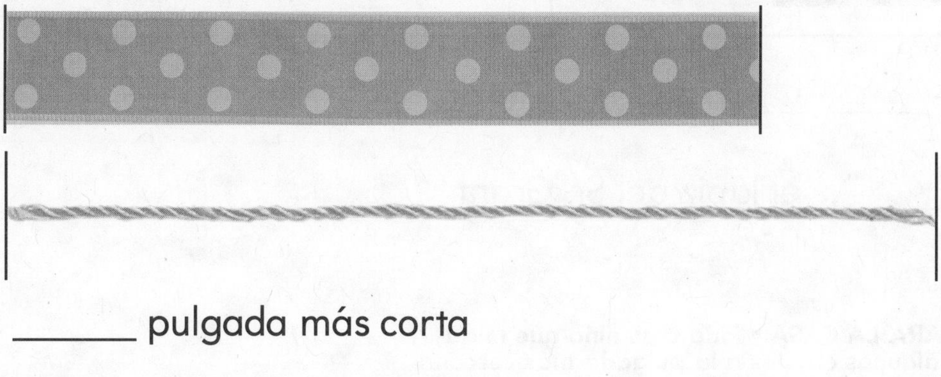

_____ pulgada más corta

Resolución de problemas • Aplicaciones En el mundo

10. PIENSA MÁS ¿Cuánto más larga es la cuerda roja que la cuerda azul?

_____ pulgadas más larga

11. PIENSA MÁS Si la cuerda roja y la cuerda azul estuvieran extendidas y unidas por los extremos, ¿cuál sería la longitud total?

_____ pulgadas

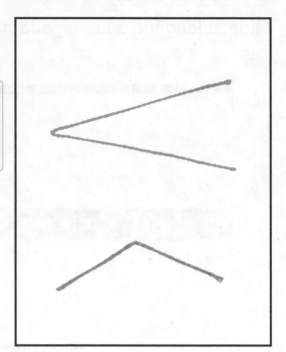

12. PIENSA MÁS El lápiz del Sr. Grant mide 5 pulgadas de largo. ¿Es este el lápiz del Sr. Grant? Usa una regla en pulgadas para averiguarlo. Usa los números y las palabras de las fichas cuadradas para que los enunciados sean verdaderos.

| 3 | 4 | 5 | es | no es |

El lápiz mide _____ pulgadas de largo.

Este lápiz _____ el lápiz del Sr. Grant.

ACTIVIDAD PARA LA CASA • Pida a su niño que mida la longitud de algunos objetos a la pulgada más cercana usando una regla o un instrumento de medida similar.

Medir con una regla en pulgadas

(Estándares comunes) **ESTÁNDARES COMUNES—2.MD.A.1**
Miden y estiman las longitudes usando unidades estándares.

Mide la longitud a la pulgada más cercana.

I.

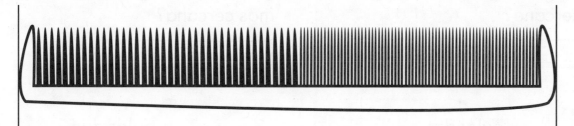

_____ pulgadas

2.

_____ pulgadas

3.

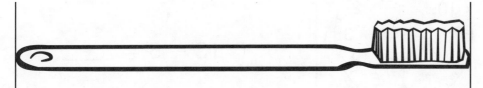

_____ pulgadas

Resolución de problemas (En el mundo)

4. Mide la cuerda. ¿Cuál es su longitud total?

_____ pulgadas

5. 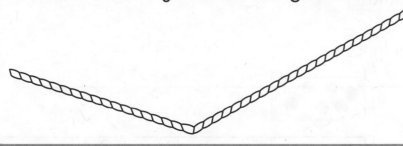 **ESCRIBE** **Matemáticas** Compara la regla que hiciste con una regla de pulgadas. Describe en qué se parecen y en qué se diferencian.

_____

Repaso de la lección (2.MD.A.1)

1. Usa una regla de pulgadas. ¿Cuál es la longitud a la pulgada más cercana?

_____ pulgadas

2. Usa una regla de pulgadas. ¿Cuál es la longitud a la pulgada más cercana?

_____ pulgadas

Repaso en espiral (2.OA.B.2, 2.MD.A.1, 2.MD.C.7)

3. El reloj muestra la hora a la que Jen va a la escuela. ¿A qué hora va Jen a la escuela?

____ : ____   a. m.
            p. m.

4. ¿Cuál es la diferencia?

$13 - 5 =$ _____

5. Cada ficha cuadrada mide aproximadamente 1 pulgada de largo. ¿Aproximadamente cuál es la longitud de la cinta?

aproximadamente _____ pulgadas

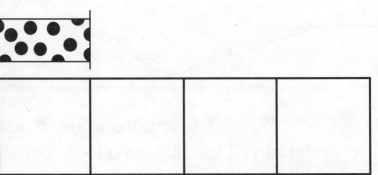

PRACTICA MÁS CON EL
Entrenador personal
en matemáticas

Nombre _____

Resolución de problemas •
Sumar y restar en pulgadas

Pregunta esencial ¿Por qué es más fácil resolver problemas de longitud si dibujas un diagrama?

Estándares comunes Medición y datos—
2.MD.B.5, 2.MD.B.6
PRÁCTICAS MATEMÁTICAS
MP1, MP2, MP4, MP6

Hay una cadena de clips que mide 16 pulgadas de largo.
Aliyah quita 9 pulgadas de clips de la cadena.
¿Cuál es el largo de la cadena de clips ahora?

Soluciona el problema En el mundo

¿Qué debo hallar?

cuánto mide la
cadena de clips ahora

¿Qué información debo usar?

La cadena mide _____ pulgadas

de largo. Se quitan _____

pulgadas de clips de la cadena.

Muestra cómo resolver el problema.

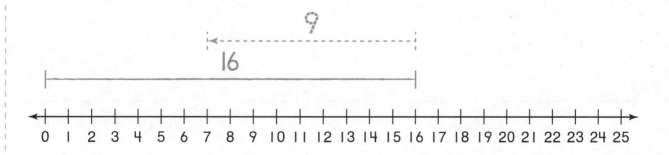

_____

La cadena de clips ahora mide _____ pulgadas de largo.

NOTA A LA FAMILIA • Su niño hizo un diagrama para representar un problema de longitudes. El diagrama puede usarse para elegir la operación con la cual resolver el problema.

Haz un diagrama. Escribe un enunciado numérico poniendo un ■ en el lugar del número que falta. Resuelve.

- ¿Qué debo hallar?
- ¿Qué información debo usar?

I. Carmen tiene una cuerda que mide 13 pulgadas de largo y una cuerda que mide 8 pulgadas de largo. ¿Cuántas pulgadas de cuerda tiene en total?

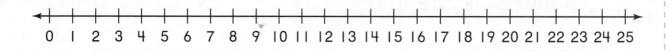

_____

Carmen tiene _____ pulgadas de cuerda en total.

2. Eli tiene un tren de cubos que mide 24 pulgadas de largo. Quita 9 pulgadas de cubos del tren. ¿Cuánto mide el tren de cubos de Eli ahora?

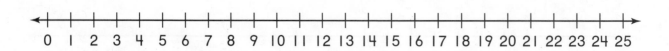

_____

Ahora el tren de cubos de Eli mide _____pulgadas de largo.

Charla matemática

PRÁCTICAS MATEMÁTICAS 6

Describe cómo muestra tu diagrama lo que sucedió en el segundo problema.

Comparte y muestra

Haz un diagrama. Escribe un enunciado numérico poniendo un ▇ en el lugar del número que falta. Resuelve.

3. Leo tiene una cadena de tiras de papel que mide 25 pulgadas de largo. Desengancha 13 pulgadas de la cadena. ¿Cuánto mide la cadena de tiras de papel de Leo ahora?

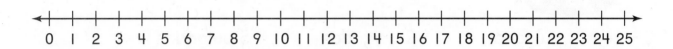

_____

La cadena de tiras de papel de Leo ahora mide _____ pulgadas de largo.

4. **PIENSA MÁS** Sue tiene dos cintas de la misma longitud. Tiene 18 pulgadas de cinta en total. ¿Cuánto mide cada cinta?

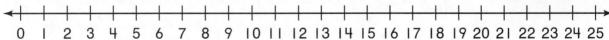

_____

Cada cinta mide _____ pulgadas de largo.

ACTIVIDAD PARA LA CASA • Pida a su niño que explique cómo usó un diagrama para resolver un problema de esta lección.

Nombre _____

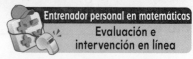
 # Revisión de la mitad del capítulo

Conceptos y destrezas

Usa fichas cuadradas de colores. Mide la longitud del objeto en pulgadas. (2.MD.A.1)

1.

aproximadamente

_____ pulgadas

La cuenta mide una pulgada de largo. Encierra en un círculo la mejor estimación de la longitud de la cuerda. (2.MD.A.3)

2.

| 1 pulgada | 2 pulgadas | 5 pulgadas |

Haz un diagrama. Escribe un enunciado numérico y

pon un ▢ en el lugar del número que falta. Resuelve.

3. Una línea mide 17 pulgadas de largo. Katy borra 9 pulgadas de la línea. ¿Cuánto mide la línea ahora? (2.MD.B.5, 2.MD.B.6)

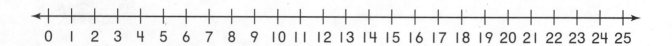

0 1 2 3 4 5 6 7 8 9 10 11 12 13 14 15 16 17 18 19 20 21 22 23 24 25

_____

La línea ahora mide _____ pulgadas de largo.

4. **PIENSA MÁS** Usa una regla en pulgadas. ¿Cuál es la longitud de la cuerda a la pulgada más cercana? (2.MD.A.1)

_____ pulgadas

Resolución de problemas • Sumar y restar en pulgadas

ESTÁNDARES COMUNES—2.MD.B.5, 2.MD.B.6
Relacionan la suma y la resta con la longitud.

Haz un diagrama. Escribe un enunciado numérico. Usa un ▮ para el número que falta. Resuelve.

1. Molly tiene una cinta que mide 23 pulgadas de largo. Corta 7 pulgadas de la cinta. ¿Cuál es el largo de la cinta ahora?

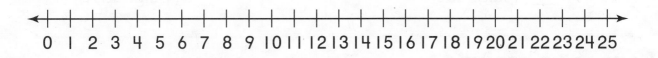

_____

La cinta de Molly ahora mide _____ pulgadas de largo.

2. **ESCRIBE** **Matemáticas** Describe cómo podrías dibujar un diagrama para un problema que pide hallar la longitud total de dos cuerdas que miden 15 pulgadas de largo y 7 pulgadas de largo.

_____

_____

_____

_____

_____

_____

Repaso de la lección (2.MD.B.5, 2.MD.B.6)

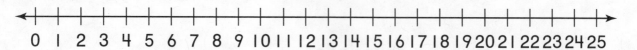

0 1 2 3 4 5 6 7 8 9 10 11 12 13 14 15 16 17 18 19 20 21 22 23 24 25

1. Allie tiene dos cuerdas. Cada una mide 8 pulgadas de largo. ¿Cuántas pulgadas de cuerda tiene en total?

_____ pulgadas

2. Jeff tiene un tren de cubos que mide 26 pulgadas de largo. Quita 12 pulgadas de cubos del tren. ¿Cuál es el largo del tren ahora?

_____ pulgadas

Repaso en espiral (2.MD.A.1, 2.MD.C.8)

3. Ann compra un lápiz que cuesta 45¢. Dibuja y rotula las monedas que Ann podría usar para formar 45 centavos.

4. Usa una regla en pulgadas. ¿Aproximadamente de qué largo es la cuerda?

aproximadamente _____ pulgada

5. Jason tiene estas monedas en un frasco. ¿Cuál es el valor total de estas monedas?

$_____ _____ centavos

PRACTICA MÁS CON EL
Entrenador personal en matemáticas

Nombre _____

Medir en pulgadas y en pies

Pregunta esencial ¿En qué se diferencian medir en pies y medir en pulgadas?

Estándares comunes **Medición y datos— 2.MD.A.2**
PRÁCTICAS MATEMÁTICAS
MP2, MP5, MP6

Escucha y dibuja En el mundo

Dibuja o escribe una descripción de cómo realizaste cada medida.

Primera medida

Segunda medida

Charla matemática

PRÁCTICAS MATEMÁTICAS 2

Usa el razonamiento
Describe en qué se diferencian la longitud de una hoja de papel y la longitud de un clip.

PARA EL MAESTRO • Pida a los niños que trabajen en parejas, se alejen uno del otro y midan la distancia entre ellos con una hoja de papel doblada por la mitad a lo largo. Luego pídales que midan la misma distancia con clips grandes.

Capítulo 8

12 pulgadas es igual a 1 **pie**. Una regla de 12 pulgadas mide 1 pie de largo. Puedes medir longitudes en pulgadas y también en pies.

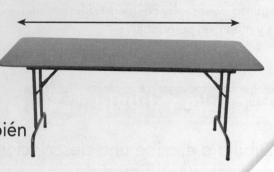

La mesa real mide aproximadamente 60 pulgadas de largo. La mesa real también mide aproximadamente 5 pies de largo.

Comparte y muestra

Mide a la pulgada más cercana.
Luego mide al pie más cercano.

Busca el objeto real.	Mide.
escritorio 1.	_____ pulgadas _____ pies
ventana ✓ 2.	_____ pulgadas _____ pies
puerta CLASE DEL Sr. MARTIN ✓ 3.	_____ pulgadas _____ pies

Nombre _____

Mide a la pulgada más cercana.
Luego mide al pie más cercano.

Busca el objeto real.	Mide.
pizarrón 4.	_____ pulgadas _____ pies
cartel 5.	_____ pulgadas _____ pies
escritorio del maestro 6.	_____ pulgadas _____ pies
atril 7.	_____ pulgadas _____ pies
tablero de anuncios 8.	_____ pulgadas _____ pies

Resolución de problemas • Aplicaciones En el mundo

  ESCRIBE **Matemáticas**

9. **PIENSA MÁS** Estima la longitud de un librero en pulgadas y en pies. Luego mide.

Estimaciones: Medidas:

_____ pulgadas   _____ pulgadas

_____ pies   _____ pies

10. **PRÁCTICA MATEMÁTICA 6** Explica

Observa tus medidas del librero.
¿Por qué el número de pulgadas es diferente al número de pies?

_____

_____

_____

_____

11. **PIENSA MÁS** Usa las palabras de las fichas cuadradas para que los enunciados sean verdaderos.

Un librero mide 4 _____ de largo.

El collar de Deb mide 20 _____ de largo.

Un marcador mide 3 _____ de largo.

La bicicleta de Jim mide 4 _____ de largo.

| pulgadas | pies |

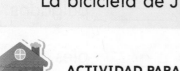 **ACTIVIDAD PARA LA CASA •** Pida a su niño que mida la distancia de unos pasos en pulgadas y luego en pies.

Medir en pulgadas y en pies

Estándares comunes

ESTÁNDARES COMUNES—2.MD.A.2
Miden y estiman las longitudes usando unidades estándares.

Mide a la pulgada más cercana.
Luego mide al pie más cercano.

Busca el objeto real.	Mide.
1. librero	_____ pulgadas _____ pies
2. ventana	_____ pulgadas _____ pies

Resolución de problemas *En el mundo*

3. Jake tiene una hebra de estambre que mide 4 pies de largo. Blair tiene una hebra de estambre que mide 4 pulgadas de largo. ¿Quién tiene la hebra de estambre más larga? Explica.

_____

_____

4. **ESCRIBE** Matemáticas   ¿En qué medirías una cuerda de saltar, en pies o en pulgadas? Explica tu elección.

_____

Repaso de la lección (2.MD.A.2)

1. Larry habla con su hermana sobre el uso de una regla para medir la longitud. Llena los espacios en blanco con "pulgada" o "pie" para hacer que el enunciado sea verdadero.

   1 _____ es más largo que 1 _____.

Repaso en espiral (2.NBT.B.5, 2.NBT.B.7, 2.MD.C.7, 2.MD.C.8)

2. Matt se puso este dinero en el bolsillo. ¿Cuál es el valor total de este dinero?

   $ _____

3. ¿Qué hora muestra este reloj?

   _____ : _____

4. Ali tiene 38 tarjetas de juego. Su amigo le regala 15 tarjetas de juego más. ¿Cuántas tarjetas de juego tiene Ali ahora?

   _____ tarjetas

PRACTICA MÁS CON EL
Entrenador personal
en matemáticas

Nombre _____

Estimar longitudes en pies

Pregunta esencial ¿Cómo se estima la longitud de los objetos en pies?

Estándares comunes Medición y datos—2.MD.A.3

PRÁCTICAS MATEMÁTICAS
MP6, MP7

Escucha y dibuja

Busca 3 objetos del salón de clases que tengan aproximadamente la misma longitud que una regla de 12 pulgadas. Dibuja y rotula los objetos.

PARA EL MAESTRO • Proporcione a los niños un conjunto de objetos para que elijan uno. Coloque una regla de 12 pulgadas en la mesa con los objetos para que los niños hagan una comparación visual.

Charla matemática
PRÁCTICAS MATEMÁTICAS 6

¿Qué objetos tienen una longitud mayor que la regla? **Explica.**

Estima cuántas reglas de 12 pulgadas tendrán aproximadamente la misma longitud que este tablero de anuncios.

Piensa en cuántas reglas caben de un extremo al otro.

_____ reglas o _____ pies

Comparte y muestra

Busca cada objeto. Estima cuántas reglas de 12 pulgadas tendrán aproximadamente la misma longitud que el objeto.

1. librero

Estimación: _____ reglas o _____ pies

2. silla

Estimación: _____ reglas o _____ pies

Por tu cuenta

Busca cada objeto. Estima cuántas reglas de
12 pulgadas tendrán aproximadamente la
misma longitud que el objeto.

3. escritorio

Estimación: _____ reglas o _____ pies

4. mapa

Estimación: _____ reglas o _____ pies

5. ventana

Estimación: _____ reglas o _____ pies

6. escritorio del maestro

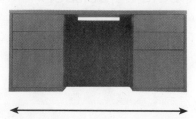

Estimación: _____ reglas o _____ pies

Resolución de problemas • Aplicaciones  ESCRIBE Matemáticas

7. PIENSA MÁS Estima la distancia desde tu escritorio hasta la puerta en pies. Luego estima la misma distancia en pulgadas.

_____ pies

_____ pulgadas

Explica cómo hiciste las estimaciones del número de pies y del número de pulgadas.

_____

_____

_____

_____

8. PIENSA MÁS Empareja el objeto con la estimación de su longitud en pies.

I pie	3 pies	7 pies
•	•	•
•	•	•
cuerda de saltar	regla de 12 pulgadas	bate de béisbol

ACTIVIDAD PARA LA CASA • Con su niño, estime las longitudes de varios objetos en pies.

Estimar longitudes en pies

Estándares comunes

ESTÁNDARES COMUNES—2.MD.A.3
Miden y estiman las longitudes usando unidades estándares.

Busca cada objeto. Estima cuántas reglas de 12 pulgadas tendrán aproximadamente la misma longitud que el objeto.

1. puerta

Estimación: _____ reglas o _____ pies

_____

2. bandera

Estimación: _____ reglas o _____ pies

Resolución de problemas En el mundo

Resuelve. Escribe o dibuja la explicación.

3. El Sr. y la Sra. Barker colocan reglas de 12 pulgadas a lo largo de una alfombra. Cada uno coloca 3 reglas a lo largo del borde de la alfombra. ¿Cuál es la longitud de la alfombra?

aproximadamente _____ pies

4. **ESCRIBE** ▶ **Matemáticas** Elige un objeto que mida aproximadamente la misma longitud que un bate de béisbol real. Explica cómo estimar su longitud en pies

_____

_____

Repaso de la lección (2.MD.A.3)

I. Estima cuántas reglas de 12 pulgadas tendrán aproximadamente la misma longitud que una bicicleta.

_____ reglas, o _____ pies

2. Estima cuántas reglas de 12 pulgadas tendrán aproximadamente la misma longitud que una ventana.

_____ reglas, o _____ pies

Repaso en espiral (2.NBT.B.5, 2.NBT.B.7, 2.MD.C.8)

3. ¿Cuál es el valor total de 2 monedas de 25¢, 3 monedas de 10¢ y 4 monedas de 5¢?

$ _____

4. ¿Cuál es el valor total de 2 monedas de 10¢, 3 monedas de 5¢ y 2 monedas de 1¢?

_____ o _____ centavos

5. Hay 68 niños en clase. Hay 19 niños en el patio. ¿Cuántos niños más hay en clase que en el patio?

_____ niños

6. ¿Cuál es la suma?

$$\begin{array}{r} 548 \\ + 436 \\ \hline \end{array}$$

PRACTICA MÁS CON EL
Entrenador personal en matemáticas

Nombre _____

Elegir un instrumento

Pregunta esencial ¿Cómo eliges un instrumento de medida para medir longitudes?

Estándares comunes Medición y datos— 2.MD.A.1

PRÁCTICAS MATEMÁTICAS
MP3, MP5, MP6, MP8

Escucha y dibuja

Dibuja o escribe para describir cómo mediste las distancias con el estambre.

Distancia 1

Distancia 2

PARA EL MAESTRO • Pida a cada grupo pequeño que mida una distancia marcada en el suelo con cinta adhesiva de papel usando un pedazo de estambre de 1 yarda. Pida a los grupos que repitan la actividad para medir otra distancia diferente a la primera.

Charla matemática

PRÁCTICAS MATEMÁTICAS 6

¿Qué distancia era mayor? **Explica** cómo lo sabes.

Puedes medir longitudes y distancias con diferentes instrumentos.

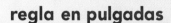

regla en pulgadas

La regla en pulgadas sirve para medir longitudes más cortas.

regla de 1 yarda

Una **regla de 1 yarda** tiene 3 pies. Se usa para medir longitudes y distancias más largas.

cinta métrica

Una **cinta métrica** se usa para medir longitudes y distancias que no son planas o rectas.

Comparte y muestra [MATH BOARD]

Elige el mejor instrumento para medir el objeto real. Luego mide y anota la longitud o la distancia.

> regla en pulgadas
> regla de 1 yarda
> cinta métrica

☑ **1.** la longitud de un libro

Instrumento: _____

Longitud: _____

☑ **2.** la distancia alrededor del vaso

Instrumento: _____

Distancia: _____

Nombre _____

regla en pulgadas
regla de I yarda
cinta métrica

Elige el mejor instrumento para medir el objeto real.
Luego mide y anota la longitud o la distancia.

3. la longitud de un pizarrón

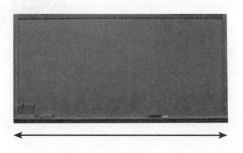

Instrumento: _____

Longitud: _____

4. la longitud de un marcador

Instrumento: _____

Longitud: _____

5. la distancia alrededor de un globo terráqueo

Instrumento: _____

Distancia: _____

6. la longitud de una pared del salón de clases

Instrumento: _____

Longitud: _____

Resolución de problemas • Aplicaciones En el mundo

ESCRIBE · Matemáticas

7. **PIENSA MÁS** Rachel quiere medir la longitud de una acera. ¿Debería usar una regla en pulgadas o una regla de 1 yarda? Explica.

Rachel debería usar _____ porque

_____

_____

_____

8. **PRÁCTICA MATEMÁTICA ③** Aplica

¿Qué objeto medirías con una cinta métrica? Explica por qué usarías este instrumento.

_____

_____

_____

Entrenador personal en matemáticas

9. **PIENSA MÁS +** Jim mide la longitud de una mesa de *picnic* con una regla en pulgadas. ¿Está usando Jim el mejor instrumento para medir? Explica.

_____

_____

_____

ACTIVIDAD PARA LA CASA • Pida a su niño que mencione algunos objetos que podría medir usando una regla de 1 yarda.

Nombre _____

Elegir un instrumento

Estándares comunes — 2.MD.A.1
Miden y estiman las longitudes usando unidades estándares.

Elige el mejor instrumento para medir el objeto real. Luego mide y anota la longitud o la distancia.

> regla de pulgadas
> regla de I yarda
> cinta métrica

I. la longitud de tu escritorio

Instrumento: _____

Longitud: _____

_____

2. la distancia alrededor de un cesto de basura

Instrumento: _____

Distancia: _____

Resolución de problemas

Elige el mejor instrumento para medir.
Explica tu elección.

3. Mark quiere medir la longitud de su habitación. ¿Debería usar una regla de pulgadas o una regla de I yarda?

Mark debería usar _____ porque

_____

_____

4. ESCRIBE ▸ Matemáticas Describe cómo usarías una regla de I yarda para medir la longitud de una alfombra.

_____

Repaso de la lección (2.MD.A.1)

I. Kim quiere medir la distancia alrededor de la llanta de su bicicleta. Encierra en un círculo el mejor instrumento que puede usar.

taza   regla de I yarda

fichas   cinta métrica
  cudradas
  de colores

2. Ben quiere medir la longitud de un subibaja. Encierra en un círculo el mejor instrumento que puede usar.

taza   regla de I yarda

fichas   clips para papel
  cudradas
  de colores

Repaso en espiral (2.MD.A.2, 2.MD.A.3, 2.MD.B.5, 2.MD.B.6)

3. Estima cuántas reglas de I2 pulgadas son aproximadamente la longitud de una hoja de papel.

_____ regla, o _____ pie

4. Andy tiene una cuerda que mide 24 pulgadas de largo. Corta 7 pulgadas de la cuerda. ¿Cuál es el largo de la cuerda ahora?

_____ pulgadas

5. Jan habla con su amigo sobre el uso de una regla para medir la longitud. Llena los espacios en blanco con "pulgadas" o "pie" para hacer que el enunciado sea verdadero.

I2 _____ tienen la misma longitud que I _____ .

© Houghton Mifflin Harcourt Publishing Company

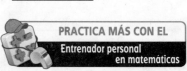

PRACTICA MÁS CON EL
Entrenador personal
en matemáticas

Nombre _____

Mostrar datos de medida

Pregunta esencial ¿Cómo se puede usar un diagrama de puntos para mostrar datos de medida?

Estándares comunes Medición y datos— 2.MD.D.9
PRÁCTICAS MATEMÁTICAS
MP4, MP5, MP6

Usa una regla en pulgadas. Mide y anota cada longitud.

_____ pulgadas

_____ pulgadas

_____ pulgadas

Charla matemática

PRÁCTICAS MATEMÁTICAS 6

Describe en qué se diferencia la longitud de las tres cuerdas.

NOTA A LA FAMILIA • Su niño practicó la medición de diferentes longitudes en pulgadas como preparación para reunir datos de medida en esta lección.

Un **diagrama de puntos** es una manera de mostrar datos. En este diagrama de puntos, cada **X** representa la longitud de un lápiz en pulgadas.

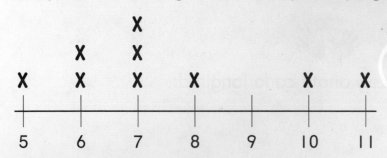

Longitud de los lápices en pulgadas

¿Cuántos lápices miden exactamente 6 pulgadas de largo? ¿Cuántos lápices diferentes se muestran en estos datos?

Comparte y muestra

✓1. Usa una regla en pulgadas. Mide y anota la longitud de 5 libros en pulgadas.

| 1.ᵉʳ libro: _____ pulgadas |
| 2.º libro: _____ pulgadas |
| 3.ᵉʳ libro: _____ pulgadas |
| 4.º libro: _____ pulgadas |
| 5.º libro: _____ pulgadas |

✓2. Escribe un título para el diagrama de puntos. Luego escribe los números y dibuja las **X**.

Nombre _____

3. Usa una regla en pulgadas. Mide y anota la longitud de 5 lápices en pulgadas.

1.er lápiz: _____ pulgadas
2.o lápiz: _____ pulgadas
3.er lápiz: _____ pulgadas
4.o lápiz: _____ pulgadas
5.o lápiz: _____ pulgadas

4. Escribe un título para el diagrama de puntos. Luego escribe los números y dibuja las **X**.

5. Usa una regla en pulgadas. Mide y anota la longitud de 4 crayones en pulgadas. Luego completa el diagrama de puntos.

1.er crayón: _____ pulgadas
2.o crayón: _____ pulgadas
3.er crayón: _____ pulgadas
4.o crayón: _____ pulgadas

Resolución de problemas • Aplicaciones

ESCRIBE Matemáticas

6. PIENSA MÁS Completa el diagrama de puntos con los datos de la lista.

Longitud de las cintas
6 pulgadas
5 pulgadas
7 pulgadas
6 pulgadas

7. PIENSA MÁS Sarah hizo un diagrama de puntos para mostrar los datos de la longitud de las hojas. ¿Es correcto el diagrama de puntos de Sarah? Explica por qué.

La longitud de las hojas	
4 pulgadas	6 pulgadas
5 pulgadas	4 pulgadas
3 pulgadas	5 pulgadas
4 pulgadas	

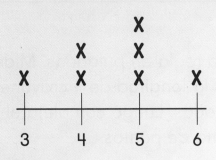

Longitud de las hojas en pulgadas

 ACTIVIDAD PARA LA CASA • Pida a su niño que describa cómo hacer un diagrama de puntos.

Mostrar datos de medida

Estándares comunes **ESTÁNDARES COMUNES—2.MD.D.9**
Representan e interpretan datos.

I. Usa una regla en pulgadas. Mide y anota las longitudes de 4 libros en pulgadas.

I.er libro: _____	pulgadas
2.º libro: _____	pulgadas
3.er libro: _____	pulgadas
4.º libro: _____	pulgadas

2. Escribe un título para el diagrama de puntos. Luego escribe los números y dibuja las **X**.

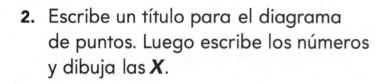

_____ _____ _____ _____

_____

Resolución de problemas En el mundo

3. Jesse midió la longitud de algunas cuerdas. Usa su lista para completar el diagrama de puntos.

Longitud de las cuerdas
5 pulgadas
7 pulgadas
6 pulgadas
8 pulgadas
5 pulgadas

_____ _____ _____ _____

_____

4. ESCRIBE ▶ Matemáticas Describe cómo hiciste un diagrama de puntos en esta lección.

_____

Repaso de la lección (2.MD.D.9)

1. Usa el diagrama de puntos. ¿Cuántos palitos miden 4 pulgadas de largo?

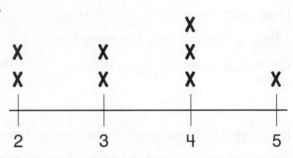

Longitud de los palitos en pulgadas

_____ palitos

Repaso en espiral (2.NBT.B.7, 2.MD.A.1, 2.MD.A.3, 2.MD.B.5, 2.MD.B.6)

2. Kim quiere medir una pelota. ¿Cuál es el mejor instrumento que Kim puede usar?

   cuenta   lápiz

   clips   cinta métrica

3. Estima cuántas reglas de 12 pulgadas son aproximadamente la misma longitud del escritorio del maestro.

   _____ reglas, o _____ pies

4. Kurt tiene una cuerda de 12 pulgadas de largo y otra cuerda de 5 pulgadas de largo. ¿Cuántas pulgadas de cuerda tiene en total?

   _____ pulgadas

5. Una caja tiene 147 libros. La otra caja tiene 216 libros. ¿Cuántos libros hay en las dos cajas?

   _____ libros

PRACTICA MÁS CON EL
**Entrenador personal
en matemáticas**

Repaso y prueba del Capítulo 8

Entrenador personal en matemáticas
Evaluación e
intervención en línea

Entrenador personal en matemáticas

1. **PIENSA MÁS +** Josh quiere medir la distancia alrededor de una pelota de fútbol.

Encierra en un círculo el mejor instrumento.

regla en pulgadas   regla de 1 yarda   cinta métrica

Explica por qué elegiste ese instrumento.

_____

_____

2. **MÁS AL DETALLE** Luke tiene una cuerda de 6 pulgadas de largo y otra cuerda de 11 pulgadas de largo. ¿Cuántas pulgadas de cuerda tiene Luke?

Dibuja un diagrama. Escribe un enunciado numérico usando un ▢ en el lugar del número que falta. Resuelve.

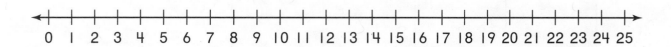

0 1 2 3 4 5 6 7 8 9 10 11 12 13 14 15 16 17 18 19 20 21 22 23 24 25

_____

Luke tiene _____ pulgadas de cuerda.

3. Usa una regla en pulgadas. ¿Cuál es la longitud del bálsamo labial a la pulgada más cercana?

Encierra en un círculo el número de la casilla para que el enunciado sea verdadero.

El bálsamo labial mide
| 2 |
| 3 |
| 4 |
pulgadas de largo.

---

4. Tom usa fichas cuadradas para medir una cuerda. Cada ficha cuadrada mide 1 pulgada de largo. Tom dice que la cuerda mide 3 pulgadas de largo. ¿Es correcto? Explica.

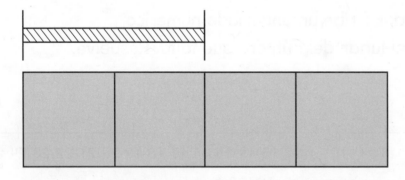

_____

_____

5. Dalia hizo un diagrama de puntos para mostrar las longitudes de sus cintas.

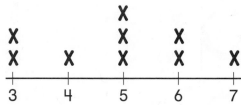

Longitudes de las cintas en pulgadas

¿Cuántas cintas se muestran en el diagrama de puntos?

El diagrama de puntos muestra _____ cintas.

¿Cuántas cintas miden 6 pulgadas de largo?

_____ cintas.

---

6. Usa las palabras de las fichas cuadradas para que los enunciados sean verdaderos.

La mesa mide 3 _____ de largo.

El cinturón mide 30 _____ de largo.

El pasillo mide 15 _____ de largo.

| pulgadas | pies |

---

7. Usa la marca de 1 pulgada. Estima la longitud de cada objeto.

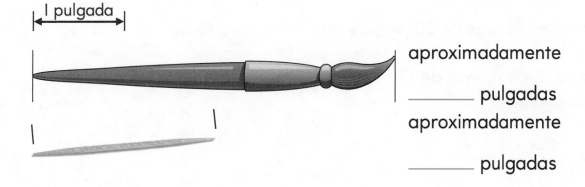

1 pulgada

aproximadamente

_____ pulgadas

aproximadamente

_____ pulgadas

8. Usa una regla en pulgadas. ¿Cuál es la longitud del clip a la pulgada más cercana?

_____ pulgadas

---

9. Estima cuántas reglas de 12 pulgadas tendrán la misma altura que la puerta del salón de clases. ¿Describe el enunciado la puerta? Elige Sí o No.

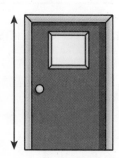

La puerta mide aproximadamente 8 pies de alto.	○ Sí	○ No
La puerta mide menos de 3 reglas de alto.	○ Sí	○ No
La puerta mide más de 20 pies de alto.	○ Sí	○ No
La puerta mide menos de 15 reglas de alto.	○ Sí	○ No

Longitud en unidades métricas

Piensa
como
matemático

Un parque eólico es un grupo de generadores de viento que se usan para producir electricidad. Una manera de medir la distancia entre dos generadores de viento es contando los pasos. ¿Cuál es otra manera?

© Houghton Mifflin Harcourt Publishing Company • Image Credits: ©Frank Whitney/Getty Images

Nombre _____

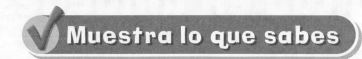 **Muestra lo que sabes**

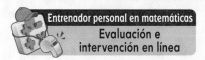 Entrenador personal en matemáticas
Evaluación e
intervención en línea

Compara longitudes

I. Ordena las cuerdas de la más corta a la más larga.
   Escribe I, 2, 3. (1.MD.A.1)

_____

_____

_____

Mide la longitud usando unidades no convencionales

Usa objetos reales y ▇ para medir. (1.MD.A.2)

2. aproximadamente _____ ▇

3. aproximadamente _____ ▇

Mide la longitud dos veces: Unidades no convencionales

Primero usa ▇. Luego usa ⬭.
Mide la longitud de la cinta. (1.MD.A.2)

4. aproximadamente _____ ▇

5. aproximadamente _____
⬭

Esta página es para verificar la comprensión de destrezas importantes que
se necesitan para tener éxito en el Capítulo 9.

Desarrollo del vocabulario

Visualízalo
Completa el organizador gráfico. Piensa en un objeto y escribe cómo **medir** la **longitud** del objeto.

longitud

_____
_____

_____
_____

Comprende el vocabulario
Usa la ficha cuadrada de colores para **estimar** la longitud de cada pajilla.

1.

aproximadamente _____ fichas cuadradas

2.

aproximadamente _____ fichas cuadradas

 • **Libro interactivo del estudiante**
• **Glosario multimedia**

Capítulo 4

Juego

Estimar la longitud

Materiales

- 12 ● • 12 ○
- 15 ▣ • 15 ▣

Juega con un compañero.

1 Túrnense para elegir un dibujo. Busca el objeto real.

2 Cada jugador estima la longitud del objeto en cubos y luego hace un tren de cubos de su estimación.

3 Compara el tren de cubos con la longitud del objeto. El jugador que tenga la estimación más cercana pone una ficha en el dibujo. Si hay empate, ambos jugadores ponen una ficha en el dibujo.

4 Repite hasta que todos los dibujos estén cubiertos. El jugador que tenga más fichas en el tablero es el ganador.

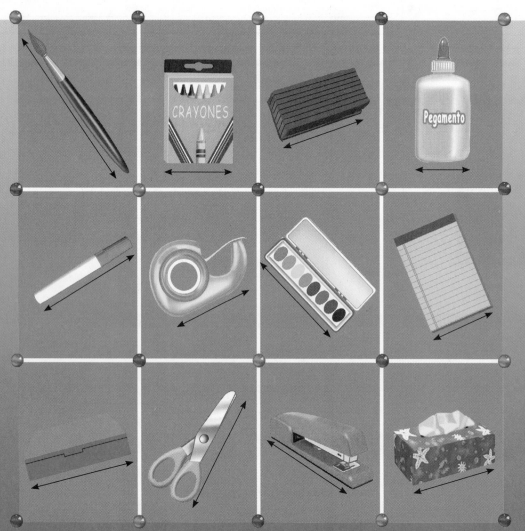

Vocabulario del Capítulo 9

centímetro centimeter 6	**comparar** compare 11
diferencia difference 20	**dígito** digit 21
estimación estimate 29	**metro (m)** meter (m) 37
suma sum 59	**sumandos** addends 60

Usa estos símbolos cuando **comparas**: >, <, =.

241 > 234

123 < 128

247 = 247

centímetros

Esto es 1 **centímetro.**

0, 1, 2, 3, 4, 5, 6, 7, 8, y 9 son **dígitos**.

5 − 3 = 2

↑
diferencia

1 **metro** es la misma longitud que 100 centímetros.

Una **estimación** es una cantidad que te dice cuántos son aproximadamente.

5 + 3 = 8

↑   ↗
sumandos

4 + 2 = 6

↑
suma

Vamos a emparejar

Jugadores: 3

Materiales

- 4 juegos de tarjetas de palabras

Instrucciones

1. A cada jugador se le reparten 5 tarjetas. Coloquen el resto boca abajo en una pila para sacar.

2. Pide a otro jugador una tarjeta de palabras que coincida con la tarjeta de palabras que tienes.

   - Si el jugador tiene la tarjeta de palabras, debe entregártela. Coloca ambas tarjetas al frente. Juega de nuevo.

   - Si el jugador no tiene la tarjeta de palabras saca una tarjeta de la pila. Si la palabra que sacas coincide con la tarjeta que tienes en la mano, coloca ambas tarjetas al frente. Juega de nuevo. Si no coincide, pierdes tu turno.

3. El juego termina cuando a un jugador no le quedan tarjetas. El jugador con más parejas de tarjetas es el ganador.

Recuadro de palabras

centímetro

comparar

diferencia

dígito

estimar

metro

suma

sumando

© Houghton Mifflin Harcourt Publishing Company

Escríbelo

Reflexiona

Elige una idea. Escribe acerca de la idea en el espacio de abajo.

- Compara un centímetro con un metro. Explica en qué se parecen y en qué se diferencian.
- Explica cómo hallarías la longitud de este crayón en centímetros.

- ¿Cómo compararías la longitud de una puerta con la longitud de una ventana en metros? Haz dibujos y escribe para explicar. Usa otra hoja de papel para dibujar.

Nombre _____

Medir con un modelo de un centímetro

Pregunta esencial ¿Cómo usas un modelo de un centímetro para medir la longitud de los objetos?

Estándares comunes Medición y datos—
2.MD.A.1
PRÁCTICAS MATEMÁTICAS
MP5, MP6, MP8

Escucha y dibuja En el mundo

Usa ▬ para medir la longitud.

_____

_____ cubos de una unidad

_____

_____ cubos de una unidad

_____

_____ cubos de una unidad

Charla matemática

PRÁCTICAS MATEMÁTICAS 6

Usa instrumentos
Describe cómo usar cubos de una unidad para medir la longitud de un objeto.

NOTA A LA FAMILIA • Su niño usó cubos de una unidad como introducción a la medición de la longitud antes de usar instrumentos métricos de medición.

Un cubo de una unidad mide aproximadamente
I **centímetro** de largo.

Aproximadamente, ¿cuántos centímetros de
largo mide esta cuerda?

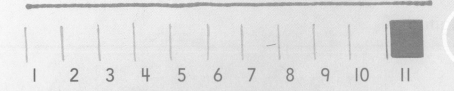

| | | | | | | | | | | |
1 2 3 4 5 6 7 8 9 10 11

> Puedes hacer
> una marca por
> cada centímetro
> para medir y
> contar.

La cuerda mide aproximadamente
centímetros de largo.

Comparte y muestra MATH BOARD

Usa un cubo de una unidad. Mide la longitud en centímetros.

1.

aproximadamente _____ centímetros

2.

aproximadamente _____ centímetros

3.

aproximadamente _____ centímetros

Nombre _____

Usa un cubo de una unidad. Mide la longitud en centímetros.

4.

aproximadamente _____ centímetros

5.

aproximadamente _____ centímetros

6.

aproximadamente _____ centímetros

7.

aproximadamente _____ centímetros

8.

aproximadamente _____ centímetros

Resolución de problemas • Aplicaciones En el mundo

Resuelve. Escribe o dibuja para explicar.

9. **PIENSA MÁS** La Sra. Duncan midió la longitud de un crayón y un lápiz. El lápiz tiene el doble de largo que el crayón. La suma de la longitud de ambos es de 24 centímetros. ¿Cuál es la longitud de cada uno?

crayón: _____

lápiz: _____

Entrenador personal en matemáticas

10. **PIENSA MÁS +** Marita usa cubos de una unidad para medir la longitud de una pajilla. Encierra en un círculo el número de la casilla para que el enunciado sea verdadero.

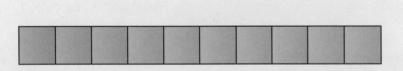

La pajilla mide aproximadamente
| 3 |
| 7 |
| 10 |
centímetros de largo.

ACTIVIDAD PARA LA CASA • Pida a su niño que compare la longitud de otros objetos con la de los de esta lección.

Medir con un modelo de un centímetro

Estándares comunes

ESTÁNDARES COMUNES—2.MD.A.1
Miden y estiman las longitudes usando
unidades estándares.

**Usa un cubo de una unidad. Mide la
longitud en centímetros.**

I.

aproximadamente _____ centímetros

2.

aproximadamente _____ centímetros

3.

aproximadamente _____ centímetros

Resolución de problemas En el mundo

Resuelve. Escribe o dibuja para explicar.

4. Susan tiene un lápiz que es 3 centímetros más corto
que esta cuerda. ¿Cuál es la longitud del lápiz?

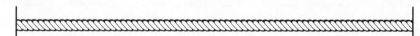

aproximadamente _____ centímetros

5. **ESCRIBE** Matemáticas Escribe cómo usar un cubo de
una unidad para medir longitudes en esta lección.

_____

_____

Repaso de la lección (2.MD.A.1)

I. Sarah usó cubos de una unidad para medir la longitud de una cinta. Cada cubo de una unidad mide aproximadamente I centímetro de longitud. ¿Cuál es la longitud de la cinta?

aproximadamente

_____ centímetros

Repaso en espiral (2.MD.B.5, 2.MD.C.7, 2.MD.C.8)

2. ¿Qué hora es en este reloj?

____ : ____

3. ¿Qué hora es en este reloj?

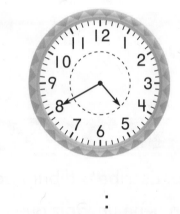

____ : ____

4. Dan tiene una tira de papel que mide 28 pulgadas de largo. Corta 6 pulgadas de la tira. ¿Cuál es la longitud de la tira de papel ahora?

$$28 - 6 = \blacksquare$$

_____ pulgadas

5. Rita tiene I moneda de 25¢, I moneda de 10¢ y 2 monedas de 1¢. ¿Cuál es el valor total de las monedas de Rita?

_____ o _____ centavos

PRACTICA MÁS CON EL
Entrenador personal
en matemáticas

Nombre _____

Estimar longitudes en centímetros

Pregunta esencial ¿Cómo usas las longitudes que conoces para estimar las longitudes que no conoces?

Estándares comunes Medición y datos— 2.MD.A.3
PRÁCTICAS MATEMÁTICAS
MP1, MP6, MP7

Escucha y dibuja En el mundo   Manos a la obra

Busca tres objetos del salón de clases que sean más cortos que tu tira de 10 centímetros. Dibuja los objetos. Escribe las estimaciones de su longitud.

aproximadamente _____ centímetros

aproximadamente _____ centímetros

aproximadamente _____ centímetros

Charla matemática

PRÁCTICAS MATEMÁTICAS 6

¿Qué objeto tiene una longitud más cercana a 10 centímetros? **Explica**.

NOTA A LA FAMILIA • Su niño usó una tira de papel de 10 centímetros para practicar la estimación de la longitud de algunos objetos del salón de clases.

Este lápiz mide aproximadamente 10 centímetros de largo. ¿Cuál es la estimación más razonable de la longitud de esta cinta?

7 centímetros

13 centímetros

20 centímetros

> La cinta es más larga que el lápiz; 7 centímetros no es razonable.

> La cinta no es dos veces más larga que el lápiz; 20 centímetros no es razonable.

La cinta es un poco más larga que el lápiz.
Por lo tanto, 13 centímetros es la estimación más razonable.

Comparte y muestra MATH BOARD

1. El estambre mide aproximadamente 5 centímetros de largo. Encierra en un círculo la mejor estimación de la longitud del crayón.

10 centímetros

15 centímetros

20 centímetros

2. La cuerda mide aproximadamente 12 centímetros de largo. Encierra en un círculo la mejor estimación de la longitud de la pajilla.

3 centímetros

7 centímetros

11 centímetros

Por tu cuenta En el mundo

3. La cuerda mide aproximadamente 8 centímetros de largo. Encierra en un círculo la mejor estimación de la longitud del clip.

2 centímetros

4 centímetros

8 centímetros

4. El lápiz mide aproximadamente 11 centímetros de largo. Encierra en un círculo la mejor estimación de la longitud de la cadena.

6 centímetros

10 centímetros

13 centímetros

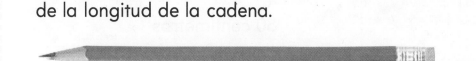

5. La hebilla del cabello mide aproximadamente 7 centímetros de largo. Encierra en un círculo la mejor estimación de la longitud del estambre.

10 centímetros

17 centímetros

22 centímetros

6. La cinta mide aproximadamente 13 centímetros de largo. Encierra en un círculo la mejor estimación de la longitud de la cuerda.

5 centímetros

11 centímetros

17 centímetros

Resolución de problemas • Aplicaciones En el mundo

ESCRIBE Matemáticas

7. PIENSA MÁS   Para cada pregunta, encierra en un círculo la mejor estimación.

Aproximadamente, ¿cuánto mide un crayón nuevo?

5 centímetros

10 centímetros

20 centímetros

Aproximadamente, ¿cuánto mide un lápiz nuevo?

20 centímetros

40 centímetros

50 centímetros

8. PRÁCTICA MATEMÁTICA ❶ **Analiza** El Sr. Lott tiene 250 centímetros de cinta más que la Sra. Sánchez. El Sr. Lott tiene 775 centímetros de cinta. ¿Cuántos centímetros de cinta tiene la Sra. Sánchez?

_____ centímetros

9. PIENSA MÁS   Esta pluma mide aproximadamente 7 centímetros de largo. Rachel dice que el estambre mide aproximadamente 14 centímetros de largo. ¿Es correcto? Explica.

_____

_____

ACTIVIDAD PARA LA CASA • Dé a su niño un objeto que mida aproximadamente 5 centímetros de largo. Pídale que lo use para estimar la longitud de otros objetos.

Estimar longitudes en centímetros

ESTÁNDARES COMUNES—2.MD.A.3
Miden y estiman las longitudes usando unidades estándares.

Estándares comunes

1. El palillo de dientes mide aproximadamente 6 centímetros de largo. Encierra en un círculo la mejor estimación de la longitud del estambre.

6 centímetros

9 centímetros

12 centímetros

2. El bolígrafo mide aproximadamente 11 centímetros de largo. Encierra en un círculo la mejor estimación de la longitud de la goma de borrar.

4 centímetros

10 centímetros

14 centímetros

Resolución de problemas En el mundo

3. La cuerda mide aproximadamente 6 centímetros de largo. Dibuja un lápiz que mida aproximadamente 12 centímetros de largo.

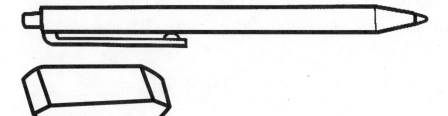

4. ESCRIBE ▶ Matemáticas Elige uno de los ejercicios de arriba. Describe cómo decidiste cuál estimación era la mejor.

_____

Repaso de la lección (2.MD.A.3)

I. El lápiz mide aproximadamente 12 centímetros
    de largo. Estima la longitud del estambre.

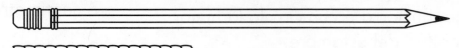

I centímetro   5 centímetros   II centímetros

Repaso en espiral (2.NBT.B.5, 2.MD.B.5, 2.MD.C.7, 2.MD.C.8)

2. Jeremy tiene 58 tarjetas de
    béisbol. Le da 23 a su hermana.
    ¿Cuántas tarjetas de béisbol le
    quedan a Jeremy?

$$\begin{array}{r} 58 \\ -\ 23 \\ \hline \end{array}$$

    tarjetas de béisbol

3. ¿Cuál es la suma?

    $$14 + 65 = \underline{\hspace{1cm}}$$

4. Adrian tiene un tren de cubos
    que mide 13 pulgadas de largo.
    Agrega 6 pulgadas de cubos al
    tren. ¿Cuál es la longitud del tren
    de cubos ahora?

    13 + 6 = ■

    _____ pulgadas

5. ¿Cuál es el valor total de este
    grupo de monedas?

    _____, o _____ centavos

PRACTICA MÁS CON EL
Entrenador personal
en matemáticas

Nombre _____

Medir con una regla en centímetros

Pregunta esencial ¿Cómo usas una regla en centímetros para medir longitudes?

Estándares comunes Medición y datos— 2.MD.A.1
PRÁCTICAS MATEMÁTICAS
MP3, MP5, MP6

Escucha y dibuja En el mundo

Busca tres objetos pequeños en el salón de clases.
Usa cubos de una unidad para medir su longitud.
Dibuja los objetos y escribe su longitud.

aproximadamente _____ centímetros

aproximadamente _____ centímetros

aproximadamente _____ centímetros

PRÁCTICAS MATEMÁTICAS 3

Aplica Describe cómo se comparan las tres longitudes. ¿Cuál objeto es el más corto?

NOTA A LA FAMILIA • Su niño usó cubos de una unidad para medir la longitud de algunos objetos del salón de clases como una introducción a la medición de longitudes en centímetros.

¿Cuál es la longitud del crayón al centímetro más cercano?

Recuerda: Alinea el extremo izquierdo del objeto con la marca del cero de la regla.

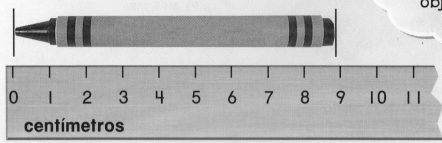

centímetros

_9_ centímetros

Comparte y muestra MATH BOARD

Mide la longitud al centímetro más cercano.

I.

_____ centímetros

2.

_____ centímetros

3.

_____ centímetros

Por tu cuenta

Mide la longitud al centímetro más cercano.

4.

_____ centímetros

5.

_____ centímetros

6.

_____ centímetros

7.

_____ centímetros

8. **MÁS AL DETALLE** Un marcador mide casi 13 centímetros de longitud. ¿Entre cuáles dos marcas en una regla en centímetros termina esta longitud?

_____

Resolución de problemas • Aplicaciones

9. **PIENSA MÁS** Había un crayón en la mesa junto a una regla en centímetros. El extremo izquierdo del crayón no estaba alineado con la marca del cero de la regla.

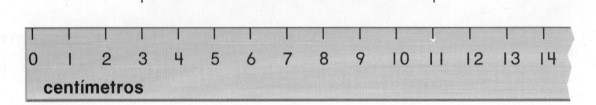

¿Cuál es la longitud del crayón?
Explica cómo hallaste tu respuesta.

_____

_____

_____

10. **PIENSA MÁS** Esta es la cuerda de Luis. La cuerda de Hana mide 7 centímetros de largo. ¿Quién tiene la cuerda más larga? Usa una regla en centímetros para hallarlo. Explica.

_____

_____

ACTIVIDAD PARA LA CASA • Pida a su niño que mida la longitud de algunos objetos con una regla en centímetros.

Medir con una regla en centímetros

ESTÁNDARES COMUNES—2.MD.A.1
Miden y estiman las longitudes usando unidades estándares.

Estándares comunes

Mide la longitud al centímetro más cercano.

1.

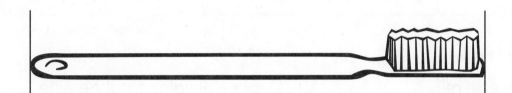

____ centímetros

2.

____ centímetros

Resolución de problemas En el mundo

3. Dibuja una cuerda que mida aproximadamente 8 centímetros de largo. Usa los dibujos de arriba como ayuda. Luego comprueba la longitud con una regla en centímetros.

4. **ESCRIBE** **Matemáticas** Mide la longitud de la parte superior de tu pupitre en centímetros. Describe cómo hallaste la longitud.

_____

_____

_____

_____

Repaso de la lección (2.MD.A.1)

I. Usa una regla en centímetros. ¿Cuál es la longitud de este lápiz al centímetro más cercano?

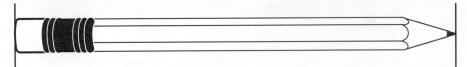

_____ centímetros

Repaso en espiral (2.MD.C.7, 2.MD.C.8, 2.MD.D.9)

2. ¿Qué hora es en este reloj?

_____ : _____

3. ¿Cuál es el valor total de este grupo de monedas?

$ _____ o _____ centavos

4. Usa el diagrama de puntos. ¿Cuántos lápices miden 5 pulgadas de longitud?

_____ lápices

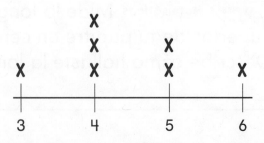

Longitudes de los lápices en pulgadas

PRACTICA MÁS CON EL
Entrenador personal
en matemáticas

Nombre _____

Resolución de problemas •
Sumar y restar longitudes

Pregunta esencial ¿Cómo te ayuda el dibujo de un diagrama a resolver problemas de longitud?

Estándares comunes
Medición y datos—
2.MD.B.6, 2.MD.B.5
PRÁCTICAS MATEMÁTICAS
MP1, MP2, MP4

Nate tenía 23 centímetros de cuerda.
Le dio 9 centímetros de cuerda a Myra.
¿Qué cantidad de cuerda tiene ahora Nate?

Resolución de problemas • Aplicaciones En el mundo

¿Qué debo hallar?

qué cantidad de cuerda
tiene ahora Nate

¿Qué información debo usar?

Nate tenía _____ centímetros
de cuerda.

Dio _____ centímetros de
cuerda a Myra.

Muestra cómo resolver el problema.

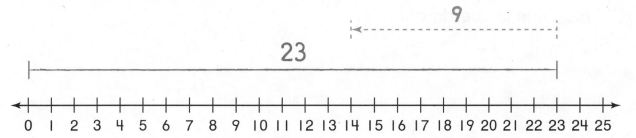

_____

Nate ahora tiene _____ centímetros de cuerda.

NOTA A LA FAMILIA • Su niño dibujó un diagrama para representar un problema de longitudes. El diagrama puede usarse para elegir la operación con la cual resolver el problema.

Haz otro problema

Haz un diagrama. Escribe un enunciado numérico con un ▇ en el lugar del número que falta. Luego resuelve.

- ¿Qué debo hallar?
- ¿Qué información debo usar?

1. Ellie tiene una cinta que mide 12 centímetros de largo. Gwen tiene una cinta que mide 9 centímetros de largo. ¿Cuántos centímetros de cinta tienen en total?

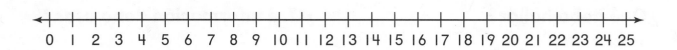

_____

Tienen _____ centímetros de cinta en total.

2. Una cuerda mide 24 centímetros de largo. Justin corta 8 centímetros de la cuerda. ¿Cuánto mide la cuerda ahora?

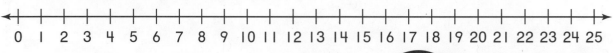

_____

La cuerda ahora mide _____ centímetros de largo.

Charla matemática

PRÁCTICAS MATEMÁTICAS 4

Explica cómo muestra tu diagrama lo que sucedió en el primer problema.

Comparte y muestra

Haz un diagrama. Escribe un enunciado numérico con
un ▇ en el lugar del número que falta. Luego resuelve.

⊘3. Una cadena de clips mide 18 centímetros de largo.
Sondra agrega 6 centímetros de clips a la cadena.
¿Cuánto mide la cadena ahora?

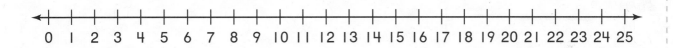

_____

La cadena ahora mide _____ centímetros de largo.

4. **PIENSA MÁS** Había una cinta que medía
22 centímetros de largo. Luego Martha cortó un
pedazo para dárselo a Tao. Ahora la cinta mide
5 centímetros de largo. ¿Cuántos centímetros de
cinta dio Martha a Tao?

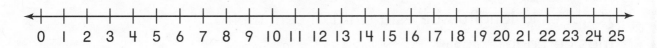

Martha dio _____ centímetros de cinta a Tao.

 ACTIVIDAD PARA LA CASA • Pida a su niño que
explique cómo usó un diagrama para resolver un
problema de esta lección.

Revisión de la mitad del capítulo

Conceptos y destrezas

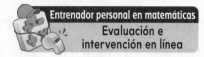
Entrenador personal en matemáticas
Evaluación e
intervención en línea

Usa un cubo de una unidad. Mide la longitud en centímetros. (2.MD.A.1)

1.

aproximadamente _____ centímetros

2.

aproximadamente _____ centímetros

3. El lápiz mide aproximadamente 11 centímetros de largo.
Encierra en un círculo la mejor estimación de la longitud
de la cuerda. (2.MD.A.3)

7 centímetros

10 centímetros

16 centímetros

4. **PIENSA MÁS** Usa una regla en centímetros.
¿Cuál es la longitud de esta cinta al centímetro
más cercano? (2.MD.A.1)

_____ centímetros

Resolución de problemas • Sumar y restar longitudes

Estándares comunes

ESTÁNDARES COMUNES—2.MD.B.6, 2.MD.B.5 *Relacionan la suma y la resta con la longitud.*

Haz un diagrama. Escribe un enunciado numérico con un ▢ en lugar del número que falta. Luego resuelve.

I. Una pajilla mide 20 centímetros de largo.
El Sr. Jones corta 8 centímetros de la pajilla.
¿Cuál es la longitud de la pajilla ahora?

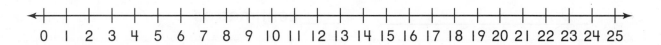

_____

La pajilla ahora mide _____ centímetros de largo.

2. **ESCRIBE** **Matemáticas** Haz y describe un diagrama para un problema sobre la longitud total de dos cintas, una que mide 13 centímetros de largo y otra que mide 5 centímetros de largo.

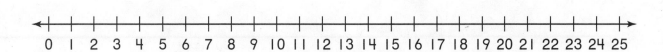

Repaso de la lección (2.MD.B.6, 2.MD.B.5)

1. Tina tiene una cadena de clips que mide 25 centímetros de largo. Quita 8 centímetros de la cadena. ¿Cuál es la longitud de la cadena ahora?

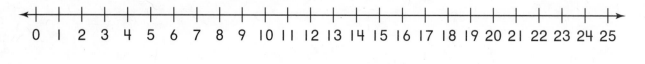

_____ ____ centímetros

Repaso en espiral (2.NBT.B.7, 2.MD.C.7, 2.MD.C.8)

2. ¿Cuál es la suma?

$$327$$
$$+145$$

3. ¿Cuál es otra manera de escribir la hora de las 7 y media?

____ : ____

4. Molly tiene estas monedas en el bolsillo. ¿Cuánto dinero tiene en el bolsillo?

_____ o ____ centavos

PRACTICA MÁS CON EL
Entrenador personal en matemáticas

Centímetros y metros

Pregunta esencial ¿En qué se diferencia la medición en metros de la medición en centímetros?

 Estándares comunes Medición y datos—
2.MD.A.2
PRÁCTICAS MATEMÁTICAS
MP1, MP5, MP7

Escucha y dibuja En el mundo · Manos a la obra

Dibuja o escribe para describir cómo hiciste cada medición.

1.ª medición

2.ª medición

PARA EL MAESTRO • Pida a cada grupo pequeño que use una hebra de estambre de 1 metro para medir una distancia marcada en el piso con cinta adhesiva de papel. Luego pídales que midan la misma distancia con una hoja de papel doblada a lo largo por la mitad.

 Charla matemática

PRÁCTICAS MATEMÁTICAS

Describe en qué se diferencian la longitud del estambre y la de la hoja de papel.

1 **metro** es igual a 100 centímetros.

La puerta real mide aproximadamente
200 centímetros de alto.
La puerta real también mide aproximadamente
2 metros de alto.

Comparte y muestra

Mide al centímetro más cercano.
Luego mide al metro más cercano.

Busca el objeto real.	Mide.
silla	_____ centímetros
1.	_____ metros
escritorio del maestro	_____ centímetros
✓ 2.	_____ metros
pared	_____ centímetros
✓ 3.	_____ metros

Nombre _____

Mide al centímetro más cercano.
Luego mide al metro más cercano.

Busca el objeto real.	Mide.
4. **pizarrón** 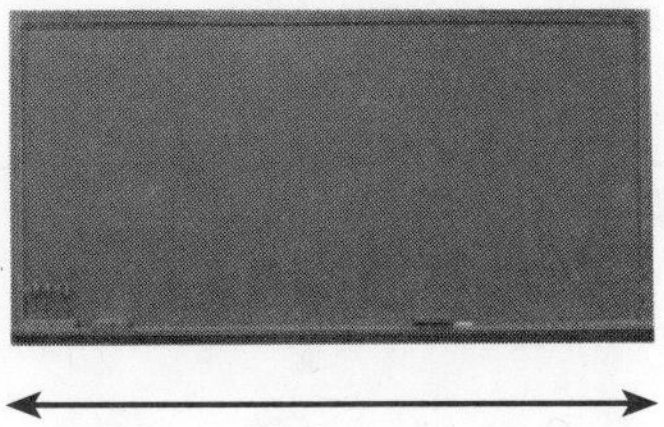	_____ centímetros _____ metros
5. **estante** 	_____ centímetros _____ metros
6. **mesa** 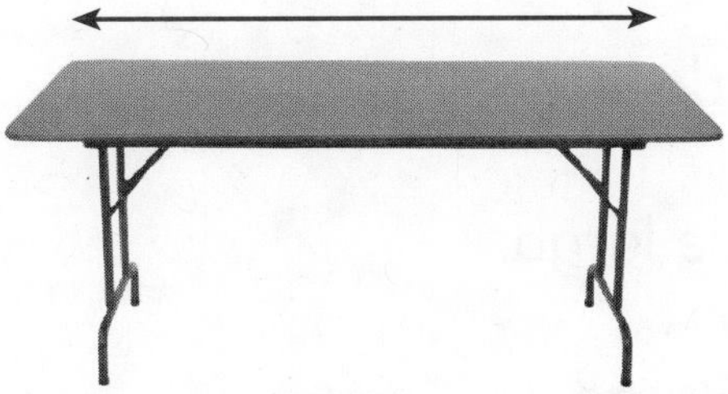	_____ centímetros _____ metros

7. **MÁS AL DETALLE** Escribe estas longitudes en orden de la más corta a la más larga.

> 200 centímetros
> 10 metros
> 1 metro

_____

Resolución de problemas • Aplicaciones En el mundo

ESCRIBE Matemáticas

8. **PIENSA MÁS** El Sr. Ryan caminó junto a un granero. Quiere medir la longitud del granero. ¿Será la longitud un mayor número de centímetros o un mayor número de metros? Explica tu respuesta.

_____

_____

_____

9. **PIENSA MÁS** Escribe la palabra de la ficha cuadrada para que el enunciado sea verdadero.

centímetros	metros

Un banco mide 2 _____ de largo.

Un lápiz mide 15 _____ de largo.

Un clip mide 3 _____ de largo.

Una cama mide 3 _____ de largo.

ACTIVIDAD PARA LA CASA • Pida a su niño que describa en qué se diferencian los centímetros y los metros.

Centímetros y metros

ESTÁNDARES COMUNES—2.MD.A.2
*Miden y estiman las longitudes usando
unidades estándares.*

Mide al centímetro más cercano.
Luego mide al metro más cercano.

Busca el objeto real.		Mide.
1. estante		_____ centímetros _____ metros
2. ventana		_____ centímetros _____ metros

Resolución de problemas En el mundo

3. Sally quiere medir la longitud de una pared
tanto en centímetros como en metros. ¿Habrá
menos centímetros o menos metros? Explica.

_____

_____

_____

4. **ESCRIBE** Matemáticas ¿Medirías la longitud de un banco
en centímetros o en metros? Explica tu elección.

_____

Repaso de la lección (2.MD.A.2)

I. Usa una regla en centímetros. ¿Cuál es la longitud del cepillo de dientes al centímetro más cercano?

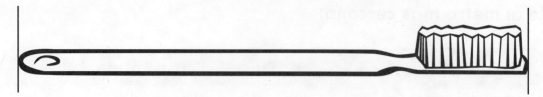

_____ centímetros

Repaso en espiral (2.NBT.B.7, 2.MD.A.2, 2.MD.C.8)

2. Dibuja y rotula un grupo de monedas que tenga un valor total de 65 centavos.

3. Janet tiene un cartel que mide aproximadamente 3 pies de largo. Escribe **pulgadas** o **pies** en cada espacio en blanco para que el enunciado sea verdadero.

   3 _____ es más largo que

   12 _____.

4. La semana pasada, 483 niños sacaron libros de la biblioteca. Esta semana, solo 162 niños sacaron libros de la biblioteca ¿Cuántos niños sacaron libros de la biblioteca en las últimas dos semanas?

$$
\begin{array}{r}
483 \\
+\ 162 \\
\hline
\end{array}
$$

5. Dibuja y rotula un grupo de monedas que tenga un valor total de $1.00.

© Houghton Mifflin Harcourt Publishing Company

PRACTICA MÁS CON EL
Entrenador personal
en matemáticas

Estimar la longitud en metros

Pregunta esencial ¿Cómo estimas la longitud de los objetos en metros?

Estándares comunes Medición y datos— 2.MD.A.3

PRÁCTICAS MATEMÁTICAS
MP6, MP7

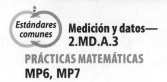

Escucha y dibuja En el mundo

Busca un objeto que mida aproximadamente 10 centímetros de largo. Dibújalo y rotúlalo.

¿Hay algún objeto del salón de clases que mida aproximadamente 50 centímetros de largo? Dibújalo y rotúlalo.

Charla matemática

PRÁCTICAS MATEMÁTICAS 6

Describe en qué se diferencia la longitud de los dos objetos reales.

PARA EL MAESTRO • Proporcione a los niños un conjunto de objetos para que elijan. Sobre la mesa de los objetos exhibidos, dibuje y rotule un segmento de 10 centímetros y un segmento de 50 centímetros.

Estima. Aproximadamente, ¿cuántas reglas de
1 metro corresponderán al ancho de una puerta?

Una regla de 1 metro
mide aproximadamente
100 centímetros de largo.

aproximadamente _____ metros

Comparte y muestra MATH BOARD

Busca el objeto real.
Estima su longitud en metros.

☑ 1. estante

aproximadamente _____ metros

☑ 2. tablero de anuncios

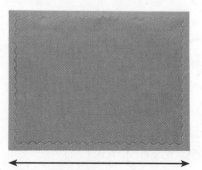

aproximadamente _____ metros

Nombre _____

Busca el objeto real.
Estima su longitud en metros.

3. escritorio del maestro

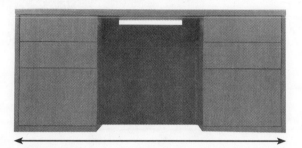

aproximadamente _____ metros

4. pared

aproximadamente _____ metros

5. ventana

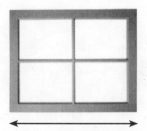

aproximadamente _____ metros

6. pizarrón

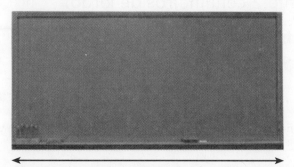

aproximadamente _____ metros

Resolución de problemas • Aplicaciones En el mundo

  **ESCRIBE** Matemáticas

7. **PIENSA MÁS** Estima en metros la distancia desde el escritorio del maestro hasta la puerta del salón de clases.

aproximadamente _____ metros

Explica cómo hiciste tu estimación.

_____

_____

_____

_____

8. **PIENSA MÁS** Estima la longitud de una bicicleta de adulto. Rellena el círculo al lado de cada enunciado verdadero.

○ La bicicleta mide aproximadamente 2 metros de largo.

○ La bicicleta mide aproximadamente 200 centímetros de largo.

○ La bicicleta mide menos de 1 metro de largo.

○ La bicicleta mide aproximadamente 2 centímetros de largo.

○ La bicicleta mide más de 200 metros de largo.

 ACTIVIDAD PARA LA CASA • Estime con su niño la longitud de algunos objetos en metros.

© Houghton Mifflin Harcourt Publishing Company

Estimar la longitud en metros

Estándares comunes

ESTÁNDARES COMUNES—2.MD.A.3
Miden y estiman las longitudes usando unidades estándares.

Busca el objeto real.
Estima su longitud en metros.

I. cartel

aproximadamente _____ metros

2. pizarrón

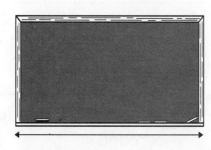

aproximadamente _____ metros

Resolución de problemas

3. Bárbara y Luke tienen 2 reglas de un metro cada uno. Las colocan extremo con extremo a lo largo de una mesa grande. Aproximadamente, ¿cuál es la longitud de la mesa?

aproximadamente _____ metros

4. **ESCRIBE** **Matemáticas** Elige un objeto de arriba.
Describe cómo estimaste su longitud.

_____

_____

Repaso de la lección (2.MD.A.3)

1. ¿Cuál es la mejor estimación de la longitud de un bate de béisbol real?

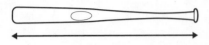

_____ metro

2. ¿Cuál es la mejor estimación de la longitud de un sofá real?

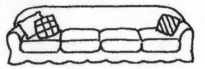

_____ metros

Repaso en espiral (2.MD.A.1, 2.MD.C.8)

3. Sara tiene dos billetes de $1, 3 monedas de 25¢ y I moneda de 10¢. ¿Cuánto dinero tiene?

$_____

4. Usa una regla en pulgadas. ¿Cuál es la longitud de esta pajilla a la pulgada más cercana?

_____ pulgadas

5. Scott tiene este dinero en el bolsillo. ¿Cuál es el valor total de este dinero?

$_____

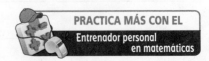

PRACTICA MÁS CON EL
**Entrenador personal
en matemáticas**

Nombre _____

Medir y comparar longitudes

Pregunta esencial ¿Cómo hallas la diferencia entre la longitud de dos objetos?

 Estándares comunes **Medición y datos—2.MD.A.4**
PRÁCTICAS MATEMÁTICAS
MP1, MP2, MP6

Escucha y dibuja *En el mundo*

Mide y anota cada longitud.

_____ centímetros

_____ centímetros

 Charla matemática

PRÁCTICAS MATEMÁTICAS 6

Menciona un objeto del salón de clases que sea más largo que el pincel. **Explica** cómo lo sabes.

 NOTA A LA FAMILIA • Su niño midió estas longitudes como una introducción a la medición y comparación de longitudes.

¿Cuánto más largo es el lápiz que el crayón?

_____8_____ centímetros

_____5_____ centímetros

_____8_____ — _____5_____ = _____
centímetros   centímetros   centímetros

El lápiz es _____ centímetros más largo que el crayón.

Comparte y muestra   MATH BOARD

Mide la longitud de cada objeto. Completa el enunciado numérico para hallar la diferencia entre las longitudes.

☑ **1.**

_____ centímetros

_____ centímetros

_____ — _____ = _____
centímetros   centímetros   centímetros

La cuerda es _____ centímetros más larga que la pajilla.

☑ **2.**

_____ centímetros

_____ centímetros

_____ — _____ = _____
centímetros   centímetros   centímetros

El pincel es _____ centímetros más largo que el palillo de dientes.

Nombre _____

Por tu cuenta

Mide la longitud de cada objeto. Completa el enunciado numérico para hallar la diferencia entre las longitudes.

3.

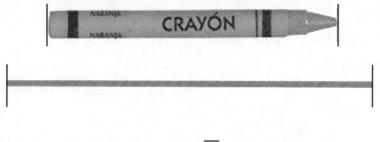

_____ centímetros

_____ centímetros

_____ − _____ = _____
centímetros   centímetros   centímetros

El estambre es _____ centímetros más largo que el crayón.

4.

_____ centímetros

_____ centímetros

_____ − _____ = _____
centímetros   centímetros   centímetros

La cuerda es _____ centímetros más larga que el clip.

5. PIENSA MÁS Usa una regla en centímetros. Mide la longitud de tu pupitre y la longitud de un libro.

pupitre: _____ centímetros

libro: _____ centímetros

¿Cuál es más corto? _____

¿Cuánto más corto es? _____

Resolución de problemas • Aplicaciones

 ESCRIBE • Matemáticas

PRÁCTICA MATEMÁTICA ① Analiza relaciones

6. Mark tiene una soga que mide 23 centímetros de largo. Corta 15 centímetros de la soga. ¿Cuál es la longitud de la soga ahora?

_____ centímetros

7. La cinta amarilla es 15 centímetros más larga que la cinta verde. La cinta verde mide 29 centímetros de largo. ¿Cuál es la longitud de la cinta amarilla?

_____ centímetros

Entrenador personal en matemáticas

8. **PIENSA MÁS +** Mide la longitud de cada objeto. ¿Qué objeto es más largo? ¿Cuánto más largo es? Explica.

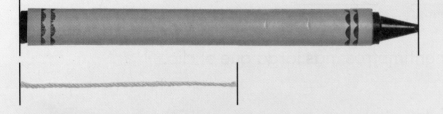

_____

_____

_____

_____

 ACTIVIDAD PARA LA CASA • Pida a su niño que le diga cómo resolvió uno de los problemas de esta lección.

Nombre _____

Medir y comparar longitudes

Estándares comunes

ESTÁNDARES COMUNES—2.MD.A.4
Miden y estiman las longitudes usando unidades estándares

Mide la longitud de cada objeto. Escribe un enunciado numérico para hallar la diferencia entre las longitudes.

I.

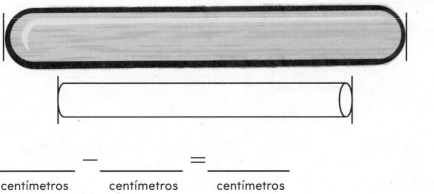

_____ centímetros

_____ centímetros

_____ – _____ = _____
centímetros centímetros centímetros

El palito plano es _____ centímetros más largo que la tiza.

Resolución de problemas

Resuelve. Escribe o dibuja para explicar.

2. Una cuerda mide 11 centímetros de largo, una cinta mide 24 centímetros de largo, y un clip grande mide 5 centímetros de largo. ¿Cuánto más larga es la cinta que la cuerda?

_____ centímetros más larga

3. **ESCRIBE** **Matemáticas** Supón que las longitudes de dos cuerdas son 10 centímetros y 17 centímetros. Describe cómo se comparan las longitudes de estas dos cuerdas.

_____

_____

Repaso de la lección (2.MD.A.4)

I. ¿Cuánto más largo es el marcador que el clip?
Encierra en un círculo la respuesta correcta.

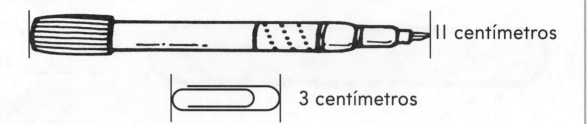

11 centímetros

3 centímetros

11 centímetros más largo   8 centímetros más largo

10 centímetros más largo   5 centímetros más largo

Repaso en espiral (2.MD.A.3, 2.MD.C.7, 2.MD.C.8)

2. ¿Cuál es el valor total de
estas monedas?

_____ o _____ centavos

3. ¿Cuál es una estimación razonable
de la longitud de un pizarrón
real?

_____ pies

4. Cindy sale media hora después
de las 2. ¿A qué hora sale Cindy?

____ : ____

PRACTICA MÁS CON EL
**Entrenador personal
en matemáticas**

Repaso y prueba del Capítulo 9

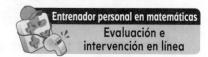
1. Michael usa cubos de una unidad para medir la longitud del estambre. Encierra en un círculo el número de la casilla para que el enunciado sea verdadero.

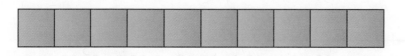

El estambre mide aproximadamente

2
4
6

centímetros de largo.

---

2. El clip mide aproximadamente 4 centímetros de largo. Robin dice que la cuerda mide aproximadamente 7 centímetros de largo. Gale dice que la cuerda mide aproximadamente 20 centímetros de largo.

¿Cuál de las niñas hizo una estimación mejor? Explica.

_____

_____

3. **MÁS AL DETALLE** La cadena de papel de Sandy mide 14 centímetros de largo. La cadena de papel de Tim mide 6 centímetros de largo. ¿Cuántos centímetros de cadena de papel tienen? Dibuja un diagrama. Escribe un enunciado de números usando un ▮ en el lugar del número que falta. Luego resuelve.

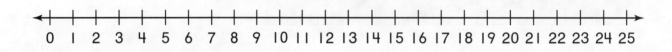

_____

La cadena de papel mide _____ centímetros de largo ahora.

---

4. Escribe la palabra de la ficha cuadrada para que el enunciado sea verdadero.

centímetros	metros

Un pasillo mide 4 _____ de largo.

Un marcador mide 15 _____ de largo.

Un palillo de dientes mide 5 _____ de largo.

Un sofá mide 2 _____ de largo.

5. Estima la longitud de un carro real. Rellena el círculo al lado de todos los enunciados que sean verdaderos.

○ El carro mide más de 100 centímetros de largo.

○ El carro mide menos de 1 metro de largo.

○ El carro mide menos de 10 metros de largo.

○ El carro mide aproximadamente 20 centímetros de largo.

○ El carro mide más de 150 metros de largo.

Entrenador personal en matemáticas

6. PIENSA MÁS   Mide la longitud de cada objeto. ¿Describe el enunciado los objetos? Elige Sí o No.

_____ centímetros

VERDE

_____ centímetros

El marcador mide 11 centímetros más que el crayón.	○ Sí	○ No
El crayón mide 4 centímetros menos que el marcador.	○ Sí	○ No
La longitud total del marcador y el crayón es de 18 centímetros.	○ Sí	○ No

7. La soga de Ethan mide 25 centímetros de largo.
Ethan corta la soga y le da un trozo a Hank.
La soga de Ethan mide 16 centímetros ahora.
¿Cuántos centímetros de soga tiene Hank?

Dibuja un diagrama. Escribe un enunciado de números
usando un ▮ en el lugar del número que falta. Luego
resuelve.

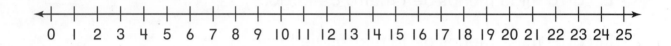

0 1 2 3 4 5 6 7 8 9 10 11 12 13 14 15 16 17 18 19 20 21 22 23 24 25

_____

Hank tiene _____ centímetros de soga.

---

8. Mide la longitud del pincel al centímetro más cercano.
Encierra en un círculo el número de la casilla para que el
enunciado sea verdadero.

El pincel mide aproximadamente

| 12 |
| 13 |
| 14 |

centímetros de largo.

Piensa como matemático

Observa los distintos tipos de globos.

¿De qué maneras podemos clasificar estos globos?

 **Muestra lo que sabes**

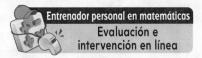 **Entrenador personal en matemáticas**
Evaluación e
intervención en línea

Lee una pictografía

Usa la pictografía. (1.MD.C.4)

Fruta que nos gusta				
naranja				
pera				

1. ¿Cuántos niños eligieron pera? _____ niños

2. Encierra en un círculo la fruta que eligieron más niños.

Lee una tabla de conteo

Completa la tabla de conteo. (1.MD.C.4)

Color que nos gusta		Total
verde	III	
rojo	IIII I	
azul	IIII III	

3. ¿Cuántos niños eligieron el rojo?

_____ niños

4. ¿Qué color eligieron menos niños?

_____

Operaciones de suma y resta

Escribe la suma o la diferencia. (1.0A.C.6)

5. $10 - 4 =$ _____

6. $4 + 5 =$ _____

7. $6 + 5 =$ _____

8. $9 - 3 =$ _____

9. $5 + 7 =$ _____

10. $11 - 3 =$ _____

Esta página es para verificar la comprensión de destrezas
importantes que se necesitan para tener éxito en el Capítulo 10.

Nombre _____

Desarrollo del vocabulario

Visualízalo

Dibuja **marcas de conteo** para mostrar cada número.

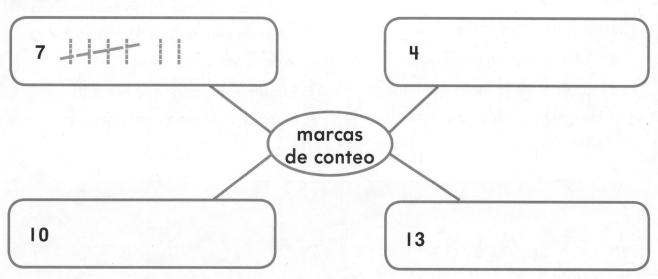

7 ⊬⊬⊬ ‖

marcas de conteo

4

10

13

Comprende el vocabulario

Escribe un número para completar el enunciado.

1. 10 manzanas es **más que** _____ manzanas.

2. 6 bananas es **menos que** _____ bananas.

3. _____ uvas es **más que** 6 uvas.

4. _____ naranjas es **menos que** 5 naranjas.

Juego

Formar decenas

Materiales • • 25 ▬
• bolsa pequeña

Juega con un compañero.

1. Coloca 25 ▬ en una bolsa.
2. Lanza el . Toma ese número de ▬ y ponlos en tu cuadro de diez. Túrnense.

3. Cuando tengas 10 ▬ en tu cuadro de diez, haz una marca de conteo en la tabla de conteo. Luego coloca los 10 ▬ de nuevo en la bolsa.

4. El primer jugador que haga 10 marcas de conteo es el ganador.

Jugador 1

Jugador 2

Formar decenas	
Jugador	**Conteo**
Jugador 1	
Jugador 2	

Vocabulario del Capítulo 10

clave

key

9

comparar

compare

11

datos

data

17

dígito

digit

21

encuesta

survey

24

gráfica de barras

bar graph

30

pictografía

picture graph

50

suma

sum

59

Usa estos símbolos cuando **compares**: >, <, =.

241 > 234

123 < 128

247 = 247

Número de partidos de fútbol							
marzo	⚽	⚽	⚽	⚽			
abril	⚽	⚽	⚽				
mayo	⚽	⚽	⚽	⚽	⚽		
junio	⚽	⚽	⚽	⚽	⚽	⚽	⚽

Clave: Cada ⚽ representa 1 partido.

La **clave** indica cuántos representa cada dibujo.

0, 1, 2, 3, 4, 5, 6, 7, 8, y 9 son **dígitos**.

Almuerzo favorito	
Almuerzo	Conteo
pizza	IIII
sándwich	HHt I
ensalada	III
pasta	HHt

La información en esta tabla se llama **datos**.

Niños jugando / Juego al aire libre

kickball

cuatro cuadrados

las traes

saltar la cuerda

0 1 2 3 4 5 6 7 8 9
Número de niños

Almuerzo favorito	
Almuerzo	Conteo
pizza	IIII
sándwich	HHt I
ensalada	III
pasta	HHt

Una **encuesta** es una recopilación de datos usando las respuestas a una pregunta.

---

4 + 2 = 6

↑
suma

Juguetes en el patio de recreo	
pelota de fútbol	★ ★ ★
cuerdas para saltar	★
pelota de sóftbol	★ ★

Clave: Cada ★ representa 5 juguetes.

Una pictografía usa dibujos para mostrar datos.

Juego

Dibújalo

Jugadores: 3 a 4

Materiales
- cronómetro
- bloc de dibujo

Instrucciones

1. Elige una tarjeta de palabras del Recuadro de palabras. No se la digas a los demás jugadores.
2. Coloquen el cronómetro en 1 minuto.
3. Haz dibujos para dar pistas de la palabra. Haz solo dibujos y números.
4. El primer jugador que adivina la palabra obtiene 1 punto. Si el jugador puede usar la palabra en una oración, obtiene 1 punto.
5. El primer jugador en obtener 5 puntos es el ganador.

Recuadro de palabras

clave

comparar

datos

dígito

encuesta

gráfica de
  barras

pictografía

suma

Diario

Escríbelo

Reflexiona

Elige una idea. Escribe acerca de la idea en el espacio de abajo.

- Explica cómo aplicarías una encuesta y anotarías los datos.
- Di cuándo usarías una pictografía y una gráfica de barras.
- Escribe dos preguntas que tengas sobre el capítulo en el que estás trabajando.

Nombre _____

Reunir datos

Pregunta esencial ¿Cómo usas una tabla de conteo para anotar los datos de una encuesta?

Estándares comunes Medición y datos— 2.MD.D.10

PRÁCTICAS MATEMÁTICAS
MP3, MP4, MP6

Escucha y dibuja

Túrnense para sacar un cubo de la bolsa.
Dibuja una marca de conteo en la tabla por cada cubo.

Color de los cubos	
Color	**Conteo**
azul	
rojo	
verde	

© Houghton Mifflin Harcourt Publishing Company

NOTA A LA FAMILIA • Su niño hizo marcas de conteo para anotar el color de los cubos que se sacaron de una bolsa. Esta actividad prepara a los niños para usar y anotar datos en este capítulo.

Charla matemática

PRÁCTICAS MATEMÁTICAS 4

Usa diagramas Explica cómo te ayudan las marcas de conteo a llevar la cuenta de lo que se ha sacado.

Puedes hacer una **encuesta** para reunir **datos**. Puedes anotar los datos con marcas de conteo.

Greg preguntó a sus compañeros cuál era su almuerzo preferido.

Almuerzo preferido

Almuerzo	Conteo
pizza	IIII
sándwich	IIII I
ensalada	III
pasta	IIII

Las marcas de conteo de la tabla de conteo muestran las respuestas de los niños. Cada marca de conteo representa la elección de un niño.

Comparte y muestra

1. Haz una encuesta. Pregunta a 10 compañeros cuál es su mascota preferida. Usa marcas de conteo para mostrar las elecciones.

2. ¿Cuántos compañeros eligieron el perro?

   _____ compañeros

3. ¿Qué mascota eligieron menos compañeros?

   _____

Mascota preferida

Mascota	Conteo
gato	
perro	
pez	
ave	

4. ¿Más compañeros eligieron el gato o el perro? _____

   ¿Cuántos más? _____ compañeros más

Nombre _____

5. Haz una encuesta. Pregunta a 10 compañeros cuál es su juego de salón preferido. Usa marcas de conteo para mostrar sus elecciones.

Juego de salón preferido	
Juego	**Conteo**
de mesa	
de cartas	
de computadora	
rompecabezas	

6. ¿Cuántos compañeros eligieron un juego de mesa?

_____ compañeros

7. ¿Qué juego eligieron más compañeros?

_____

8. MÁS AL DETALLE ¿Más compañeros eligieron un juego de cartas o un juego de computadora?

_____

¿Cuántos más? _____ compañeros más

9. ¿Qué juego eligieron menos compañeros?

_____

10. PRÁCTICA MATEMÁTICA 3 Aplica ¿Cuántos compañeros no eligieron un juego de mesa ni un rompecabezas? Explica cómo lo sabes.

_____

_____

_____

_____

Resolución de problemas • Aplicaciones En el mundo

 ESCRIBE Matemáticas

11. PIENSA MÁS Maeko pidió a sus compañeros que eligieran su materia preferida. Hizo esta tabla de conteo.

¿Cuántos compañeros más eligieron matemáticas que lectura?

_____ compañeros más

Materia preferida	
Materia	**Conteo**
lectura	~~IIII~~ I
matemáticas	~~IIII~~ IIII
ciencias	~~IIII~~ ~~IIII~~

Escribe una pregunta sobre los datos de la tabla.
Luego escribe la respuesta a tu pregunta.

_____

_____

_____

12. PIENSA MÁS Rellena el círculo al lado de todos los enunciados que describen los datos de la tabla de conteo.

○ 10 niños votaron por el almuerzo.

○ 13 niños votaron por el desayuno.

○ Más niños votaron por la cena que por la comida.

○ Un total de 35 niños votaron por su comida preferida.

Comida preferida	
Comida	**Conteo**
desayuno	~~IIII~~ III
almuerzo	~~IIII~~ ~~IIII~~
cena	~~IIII~~ ~~IIII~~ II

ACTIVIDAD PARA LA CASA • Con su niño, hagan una encuesta sobre juegos preferidos y hagan una tabla de conteo para mostrar los datos.

Reunir datos

Estándares comunes **ESTÁNDARES COMUNES—2.MD.D.10**
Representan e interpretan datos.

I. Haz una encuesta. Pregunta a 10 compañeros cómo llegan a la escuela. Usa marcas de conteo para mostrar sus respuestas.

Cómo llegamos a la escuela	
Manera	**Conteo**
a pie	
en autobús	
en carro	
en bicicleta	

_____

2. ¿Cuántos compañeros toman el autobús a la escuela?

_____ compañeros

3. ¿Cuántos compañeros llegan en carro a la escuela?

_____ compañeros

4. ¿De qué manera llegan menos compañeros a la escuela?

_____

5. ¿De qué manera llegan más compañeros a la escuela?

_____

6. **ESCRIBE** **Matemáticas** Explica cómo harías una encuesta para averiguar el color de camisa favorito de tus compañeros.

_____

Repaso de la lección (2.MD.D.10)

1. Usa la tabla de conteo. ¿Qué color eligieron menos niños?

_____

Color preferido	
Color	**Marca**
azul	|||
verde	卌 ||||
rojo	卌 ||
amarillo	卌	

Repaso en espiral (2.NBT.B.5, 2.MD.B.6, 2.MD.C.7, 2.MD.C.8)

2. ¿Cuántas monedas de 10¢ tienen el mismo valor que $1.00?

_____ monedas

3. Jared tiene dos cuerdas. Cada cuerda mide 9 pulgadas de largo. ¿Cuántas pulgadas de cuerda tiene en total?

_____ pulgadas

4. El reloj muestra la hora a la que Luisa se va a la escuela. ¿A qué hora se va a la escuela?

_____ : _____

5. Liza terminó de estudiar a las 3 y media. ¿A qué hora terminó de estudiar Liza?

_____ : _____

PRACTICA MÁS CON EL
Entrenador personal
en matemáticas

Nombre _____

Leer pictografías

Pregunta esencial ¿Cómo usas una pictografía para mostrar los datos?

Estándares comunes **Medición y datos—2.MD.D.10**

PRÁCTICAS MATEMÁTICAS
MP1, MP2, MP4, MP6

Escucha y dibuja En el mundo

Usa la tabla de conteo para resolver el problema. Escribe o haz un dibujo para mostrar lo que hiciste.

Pasatiempo preferido	
Pasatiempo	**Conteo**
manualidades	卌 I
lectura	IIII
música	卌
deportes	卌 II

_____ niños más

Charla matemática

PRÁCTICAS MATEMÁTICAS 2

Usa el razonamiento
¿Puede usarse la tabla para hallar cuántas niñas eligieron música? Explica.

PARA EL MAESTRO • Lea el siguiente problema. La clase del Sr. Martin hizo esta tabla de conteo. ¿Cuántos niños más de su clase eligieron deportes en lugar de lectura como su pasatiempo preferido?

Una **pictografía** muestra datos con dibujos.

Número de juegos de fútbol							
Marzo	⚽	⚽	⚽	⚽			
Abril	⚽	⚽	⚽				
Mayo	⚽	⚽	⚽	⚽	⚽		
Junio	⚽	⚽	⚽	⚽	⚽	⚽	⚽

Clave: Cada  **representa 1 juego.**

Una **clave** muestra qué cantidad representa cada dibujo.

Comparte y muestra MATH BOARD

Usa la pictografía para responder las preguntas.

Refrigerio preferido								
pretzels	☺	☺	☺	☺	☺	☺	☺	☺
uvas	☺	☺	☺	☺	☺	☺	☺	
palomitas de maíz	☺	☺	☺					
manzanas	☺	☺	☺	☺	☺	☺		

Clave: Cada ☺ representa 1 niño.

1. ¿Qué refrigerio eligieron menos niños?

_____

2. ¿Cuántos niños más eligieron *pretzels* que manzanas?

_____ niños más

Por tu cuenta

Usa la pictografía para responder las preguntas.

Número de lápices									
Alana	✎	✎	✎						
Kiana	✎	✎	✎	✎	✎				
Dante	✎	✎	✎	✎					
Brad	✎	✎	✎	✎	✎	✎	✎	✎	

Clave: Cada ✎ **representa 1 lápiz.**

3. ¿Cuántos lápices tienen Alana y Brad en total? _____ lápices

4. ¿Cuántos lápices más que Alana tiene Kiana? _____ lápices más

5. **PIENSA MÁS** La Sra. Green tiene el mismo número de lápices que los cuatro niños. ¿Cuántos lápices tiene?

_____ lápices

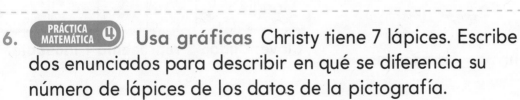

6. **PRÁCTICA MATEMÁTICA 4** **Usa gráficas** Christy tiene 7 lápices. Escribe dos enunciados para describir en qué se diferencia su número de lápices de los datos de la pictografía.

_____

_____

_____

_____

Resolución de problemas • Aplicaciones En el mundo

   ESCRIBE Matemáticas

Color de globo preferido

verde	🎈	🎈	🎈	🎈			
azul	🎈	🎈	🎈	🎈	🎈		
rojo	🎈	🎈	🎈	🎈	🎈	🎈	
morado	🎈	🎈	🎈	🎈			

Clave: Cada 🎈 representa 1 niño.

7. MÁS AL DETALLE ¿Qué tres colores eligieron un total

de 13 niños? _____

8. PIENSA MÁS Usa los números en las fichas cuadradas para completar los enunciados acerca de la pictografía.

| 1 | 2 | 3 |
| 4 | 5 | 6 |

Número de mascotas

Scott	🔷	🔷	🔷	
Andre	🔷			
Maddie	🔷	🔷		

Clave: Cada 🔷 representa 1 mascota.

Scott tiene _____ mascotas.

Andre tiene _____ mascotas menos que Scott.

Maddie y Scott tienen _____ mascotas más que Andre.

ACTIVIDAD PARA LA CASA • Pida a su niño que explique cómo resolvió uno de los problemas de esta lección.

Leer pictografías

Usa la pictografía para responder
las preguntas.

Estándares comunes | **ESTÁNDARES COMUNES—2.MD.D.10**
Representan e interpretan datos.

Número de libros leídos					
Ryan	📕	📕	📕	📕		
Gwen	📕	📕				
Anna	📕	📕	📕	📕	📕	📕
Henry	📕	📕	📕			

Clave: Cada 📕 representa I libro.

I. ¿Cuántos libros leyeron Henry y Anna en total? _____ libros

2. ¿Cuántos libros más que Gwen leyó Ryan? _____ libros más

3. ¿Cuántos libros menos que Anna leyó Gwen? _____ libros menos

Resolución de problemas *En el mundo*

Usa la pictografía de arriba. Escribe o dibuja para explicar.

4. Carlos leyó 4 libros. ¿Cuántos niños leyeron
menos libros que Carlos?

_____ niños

5. **ESCRIBE** **Matemáticas** Escribe unas
cuantas oraciones para describir las
distintas partes de una pictografía.

_____

_____

_____

Repaso de la lección (2.MD.D.10)

1. Usa la pictografía. ¿Quién tiene la mayor cantidad de peces?

Nuestros peces				
Jane				
Will	🐟	🐟	🐟	
Gina	🐟	🐟	🐟	🐟
Evan	🐟	🐟		

_____

Clave: Cada 🐟 **representa 1 pez**

Repaso en espiral (2.MD.A.1, 2.MD.C.7, 2.MD.C.8)

2. ¿Qué hora es en este reloj?

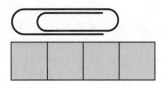

_____ : _____

3. Cada cubo de una unidad mide aproximadamente 1 centímetro de largo. ¿Cuál es la mejor estimación de la longitud del clip?

_____ centímetros

4. ¿Cuál es el valor total de este grupo de monedas?

_____ ¢ o _____ centavos

PRACTICA MÁS CON EL
Entrenador personal
en matemáticas

Nombre _____

Hacer pictografías

Pregunta esencial ¿Cómo haces una pictografía para mostrar datos en una tabla de conteo?

Estándares comunes Medición y datos—2.MD.D.10

PRÁCTICAS MATEMÁTICAS
MP1, MP4, MP6

Escucha y dibuja

Túrnense para sacar un cubo de la bolsa.
Dibuja una cara sonriente en la gráfica por cada cubo.

Color de los cubos					
azul					
rojo					
verde					
anaranjado					

Clave: Cada ☺ representa 1 cubo.

Charla matemática

PRÁCTICAS MATEMÁTICAS 6

Explica cómo sabes que el número de caras sonrientes del azul coincide con el número de cubos azules.

NOTA A LA FAMILIA • Su niño hizo una gráfica anotando caras sonrientes por los colores de los cubos que se sacaron de una bolsa. Esta actividad prepara a los niños para trabajar con las pictografías de esta lección.

Representa y dibuja

Cada dibujo de la gráfica representa I flor.
Haz dibujos para mostrar los datos en la tabla de conteo.

Número de flores recogidas	
Nombre	**Conteo**
Jessie	|||
Inez	‖‖‖
Paulo	||||

Número de flores recogidas					
Jessie	◯	◯	◯		
Inez					
Paulo					

Clave: Cada ◯ representa I flor.

Comparte y muestra

1. Usa la tabla de conteo para completar la pictografía.
   Dibuja una ☺ por cada niño.

Sándwich preferido	
Sándwich	**Conteo**
queso	‖‖‖
jamón	||
atún	||||
pavo	|||

Sándwich preferido					
queso					
jamón					
atún					
pavo					

Clave: Cada ☺ representa I niño.

✓ 2. ¿Cuántos niños eligieron atún? _____ niños

✓ 3. ¿Cuántos niños más eligieron queso que
jamón? _____ niños más

© Houghton Mifflin Harcourt Publishing Company

666 seiscientos sesenta y seis

Por tu cuenta

4. Usa la tabla de conteo para completar la pictografía.
Dibuja una ☺ por cada niño.

Fruta preferida	
Fruta	**Conteo**
manzana	IIII
ciruela	II
plátano	⑴⑴
naranja	III

Fruta preferida					
manzana					
ciruela					
plátano					
naranja					

Clave: Cada ☺ representa I niño.

5. ¿Cuántos niños eligieron plátano? _____ niños

6. ¿Cuántos niños menos eligieron ciruela
que plátano? _____ niños menos

7. PIENSA MÁS ¿Cuántos niños eligieron
una fruta que no era la ciruela?

_____ niños

8. MÁS AL DETALLE ¿Qué tres frutas eligieron un
total de 10 niños?

_____

© Houghton Mifflin Harcourt Publishing Company

ACTIVIDAD PARA LA CASA • Pida a su niño que
explique cómo leer la pictografía de esta página.

Nombre _____

Conceptos y destrezas

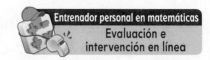

Usa la pictografía para responder las preguntas. (1.MD.D.10)

Estación preferida									
primavera	☺	☺	☺	☺	☺	☺			
verano	☺	☺	☺	☺	☺	☺	☺	☺	
otoño	☺	☺	☺	☺					
invierno	☺	☺	☺	☺	☺	☺	☺		

Clave: Cada ☺ representa 1 niño.

1. ¿Qué estación eligieron menos niños?

_____

2. ¿Cuántos niños más eligieron primavera que otoño?

_____ niños más

3. ¿Cuántos niños eligieron una estación que no era invierno?

_____ niños

4. **PIENSA MÁS** ¿Cuántos niños eligieron una estación favorita?

_____ niños

Dibuja marcas de conteo para mostrar este número.

_____

Hacer pictografías

Estándares comunes ESTÁNDARES COMUNES—2.MD.D.10
Representan e interpretan datos.

1. Usa la tabla de conteo para completar la pictografía.

   Dibuja una 😊 por cada niño.

Galleta preferida	
Galleta	**Conteo**
chocolate	|||
avena	|
mantequilla de cacahuate	卌
escocesa	||||

Galleta preferida				
chocolate				
avena				
mantequilla de cacahuate				
escocesa				

Clave: Cada 😊 representa 1 niño.

2. ¿Cuántos niños eligieron chocolate? _____ niños

3. ¿Cuántos niños menos eligieron avena que
   mantequilla de cacahuate? _____ niños menos

4. ¿Qué galleta eligieron más niños?

   _____

5. ¿Cuántos niños en total eligieron una galleta preferida? _____ niños

6. Observa la pictografía de arriba. Escribe sobre la
   información que se muestra en esta gráfica.

   _____

   _____

Repaso de la lección (2.MD.D.10)

I. Usa la pictografía. ¿Cuántos días lluviosos más que en mayo hubo en abril?

Número de días lluviosos					
marzo	☂	☂	☂	☂	☂
abril	☂	☂	☂	☂	
mayo	☂	☂			

Clave: Cada ☂ representa I día.

_____ días

Repaso en espiral (2.MD.A.1, 2.MD.C.8)

2. Rita tiene un billete de $1, 2 monedas de 25¢ y 3 monedas de 10¢. ¿Cuál es el valor total del dinero de Rita?

$ _____

3. Lucas puso 4 monedas de 25¢ y 3 monedas de 5¢ en su alcancía. ¿Cuánto dinero puso Lucas en su alcancía?

$ _____

4. Usa una regla en centímetros. ¿Cuál es la longitud de esta cuerda al centímetro más cercano?

|———————|

_____ centímetros

5. ¿Cuál es el valor total de este grupo de monedas?

_____ ¢ o _____ centavos

PRACTICA MÁS CON EL
Entrenador personal
en matemáticas

Nombre _____

Leer gráficas de barras

Pregunta esencial ¿Cómo se usa una gráfica de barras para mostrar datos?

 Estándares comunes Medición y datos—2.MD.D.10

PRÁCTICAS MATEMÁTICAS
MP1, MP2, MP6

Escucha y dibuja En el mundo

Usa la pictografía para resolver el problema.
Escribe o haz un dibujo para mostrar lo que hiciste.

Camiones rojos vistos la semana pasada							
Morgan	■	■	■				
Terrell	■	■	■	■	■	■	
Jazmín	■	■	■	■	■	■	■	■
Carlos	■	■	■	■			

Clave: Cada ■ representa 1 camión rojo.

_____ camiones rojos

 Charla matemática

PRÁCTICAS MATEMÁTICAS 1

Describe relaciones
Describe en qué se diferencian los datos de Terrell y Jazmín en la gráfica.

PARA EL MAESTRO • Lea este problema a los niños. Morgan hizo una pictografía para mostrar el número de camiones rojos que ella y sus amigos vieron la semana pasada. ¿Cuántos camiones rojos vieron los cuatro niños la semana pasada?

Una **gráfica de barras** muestra datos con barras.
Observa dónde terminan las barras.
Esto indica la cantidad.

Hay 8 niños jugando fútbol.

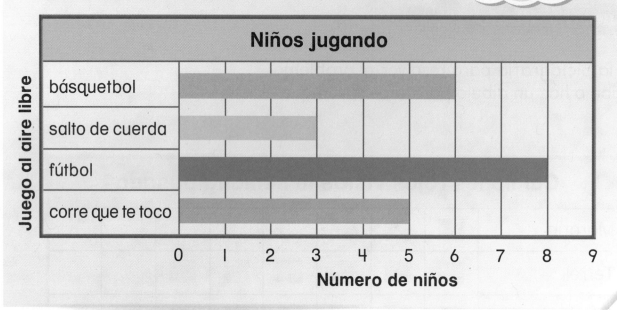

Niños jugando

Juego al aire libre

básquetbol

salto de cuerda

fútbol

corre que te toco

0 1 2 3 4 5 6 7 8 9

Número de niños

Comparte y muestra  MATH BOARD

Usa la gráfica de barras.

1. ¿Cuántas canicas verdes hay en la bolsa?

_____ canicas verdes

2. ¿Cuántas canicas azules más que canicas moradas hay en la bolsa?

_____ canicas azules más

3. ¿Cuántas canicas hay en la bolsa?

_____ canicas

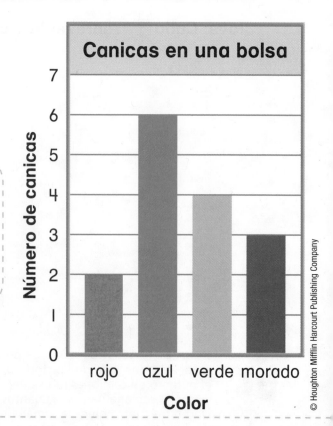

Canicas en una bolsa

7
6
5
4
3
2
1
0

Número de canicas

rojo azul verde morado

Color

Nombre _____

Usa la gráfica de barras.

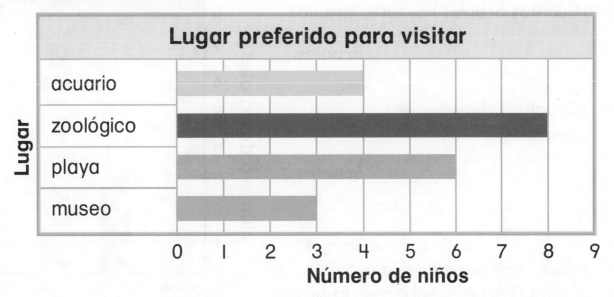

Lugar preferido para visitar

Lugar		
acuario		
zoológico		
playa		
museo		

Número de niños

4. ¿Cuántos niños eligieron la playa?

_____ niños

5. ¿Qué lugar eligieron menos niños?

_____

6. ¿Cuántos niños más eligieron el zoológico que el acuario?

_____ niños más

7. MÁS AL DETALLE ¿Cuántos niños eligieron un lugar que no fuera el zoológico?

_____ niños

8. PIENSA MÁS Greg eligió un lugar que tenía más votos que el acuario y el museo juntos. ¿Qué lugar eligió Greg?

Matemáticas al instante

_____

Resolución de problemas • Aplicaciones

 ESCRIBE Matemáticas

Usa la gráfica de barras.

9. ¿Cuántos árboles hay en la granja?

_____ árboles

10. ¿Cuántos árboles no son manzanos?

_____ árboles

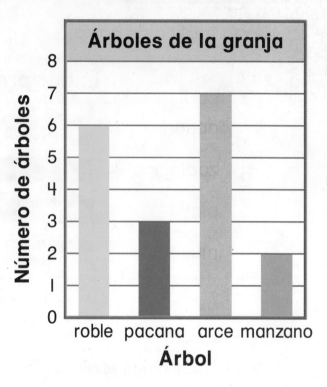

Árboles de la granja

11. **PRÁCTICA MATEMÁTICA** ⑥ **Explica** Imagina que traen 7 árboles más a la granja. ¿Cuántos árboles habría en la granja entonces? Explica.

_____

_____

_____

_____

12. **PIENSA** MÁS   Usa los datos de la gráfica de barras sobre los árboles para completar los enunciados.

Hay _____ manzanos menos que arces. Explica.

_____

 ACTIVIDAD PARA LA CASA • Pida a su niño que explique cómo leer una gráfica de barras.

© Houghton Mifflin Harcourt Publishing Company

Leer gráficas de barras

Usa la gráfica de barras.

Estándares comunes

ESTÁNDARES COMUNES—2.MD.D.10
Representan e interpretan datos.

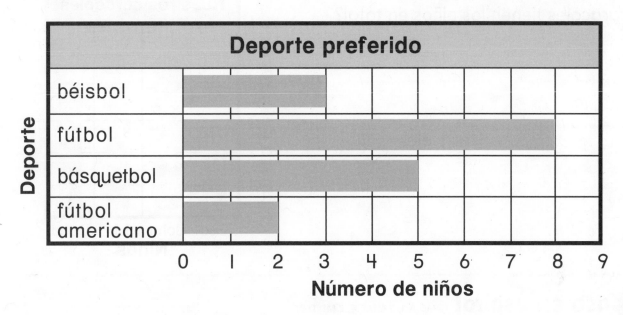

1. ¿Cuántos niños eligieron básquetbol?   _____ niños

2. ¿Qué deporte eligieron más niños?   _____

3. ¿Cuántos niños más eligieron básquetbol
que béisbol?   _____ niños más

4. ¿Qué deporte eligieron menos niños?   _____

Resolución de problemas

5. ¿Cuántos niños eligieron
béisbol o básquetbol?

_____ niños

6. **ESCRIBE** **Matemáticas** Observa la gráfica _____
de barras de arriba. Escribe sobre _____
la información que se muestra en _____
la gráfica. _____

Repaso de la lección (2.MD.D.10)

1. Usa la gráfica de barras. ¿Cuántos caracoles tienen los niños en total?

_____ caracoles

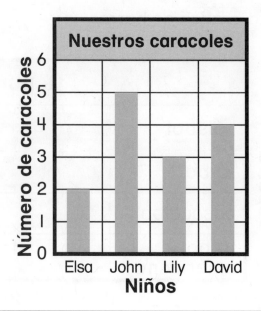

Repaso en espiral (2.MD.A.1, 2.MD.C.8, 2.MD.D.9)

2. Usa el diagrama de puntos. ¿Cuántas ramitas miden 3 pulgadas de largo?

_____ ramitas

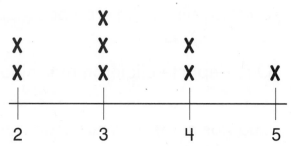

Longitud de las ramitas en pulgadas

---

3. Usa una regla en centímetros. ¿Cuál es la longitud del estambre al centímetro más cercano?

_____ centímetros

4. Noah compra un lápiz. Paga con 1 moneda de 25¢ y 2 monedas de 5¢. ¿Cuánto cuesta el lápiz?

_____ ¢ o _____ centavos

PRACTICA MÁS CON EL
Entrenador personal
en matemáticas

Hacer gráficas de barras

Pregunta esencial ¿Cómo haces una gráfica de barras para mostrar datos?

Estándares comunes **Medición y datos—2.MD.D.10**

PRÁCTICAS MATEMÁTICAS
MP3, MP4, MP6

Escucha y dibuja *En el mundo*

Usa la gráfica de barras para resolver el problema.
Escribe o haz un dibujo para mostrar lo que hiciste.

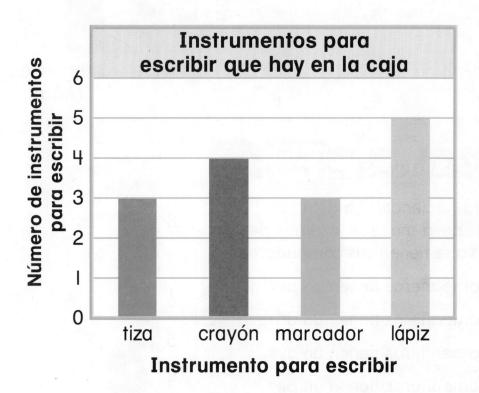

Instrumentos para escribir que hay en la caja

Número de instrumentos para escribir

tiza   crayón   marcador   lápiz

Instrumento para escribir

_____ instrumentos para escribir

Charla matemática

PRÁCTICAS MATEMÁTICAS 3

Compara representaciones
Describe en qué se diferencia la información en la gráfica para el crayón y el marcador.

PARA EL MAESTRO • Lea el siguiente problema. Barry hizo esta gráfica de barras. ¿Cuántos instrumentos para escribir hay en total en la caja?

Abel leyó 2 libros, Jiang leyó 4 libros, Cara leyó 1 libro y Jamila leyó 3 libros.

Completa la gráfica de barras para mostrar estos datos.

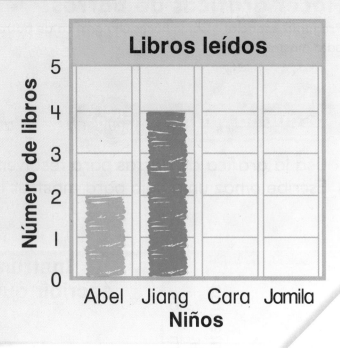

Libros leídos

Número de libros

Abel Jiang Cara Jamila

Niños

Comparte y muestra

MATH BOARD

Alicia está haciendo una gráfica de barras para mostrar los tipos de mascotas que tienen sus compañeros.

- 5 compañeros tienen un perro.
- 7 compañeros tienen un gato.
- 2 compañeros tienen un ave.
- 3 compañeros tienen un pez.

✓ 1. Escribe rótulos y dibuja barras para completar la gráfica.

✓ 2. ¿Cómo cambiará la gráfica si un niño más tiene un ave?

_____

_____

_____

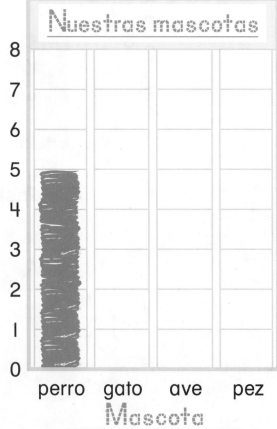

Nuestras mascotas

Número de compañeros

perro   gato   ave   pez

Mascota

Nombre _____

Dexter preguntó a sus compañeros qué cobertura de pizza era su preferida.

- 4 compañeros eligieron pimientos.
- 7 compañeros eligieron carne.
- 5 compañeros eligieron champiñones.
- 2 compañeros eligieron aceitunas.

3. Escribe un título y rótulos para la gráfica de barras.

4. Dibuja barras en la gráfica para mostrar los datos.

pimientos											
carne											
champiñones											
aceitunas											

0 1 2 3 4 5 6 7 8 9 10

5. ¿Qué cobertura eligieron más compañeros? _____

6. **PIENSA MÁS** ¿Más compañeros eligieron pimientos y aceitunas que carne? Explica.

_____

_____

Resolución de problemas • Aplicaciones

Cody preguntó a sus compañeros qué animal del zoológico era su preferido.

- 6 compañeros eligieron el oso.
- 4 compañeros eligieron el león.
- 7 compañeros eligieron el tigre.
- 3 compañeros eligieron la cebra.

7. Usa los datos para completar la gráfica de barras. Escribe un título y rótulos. Dibuja las barras.

8. **MÁS AL DETALLE** ¿Cuántos compañeros menos eligieron el león que los otros animales del zoológico?

_____ compañeros menos

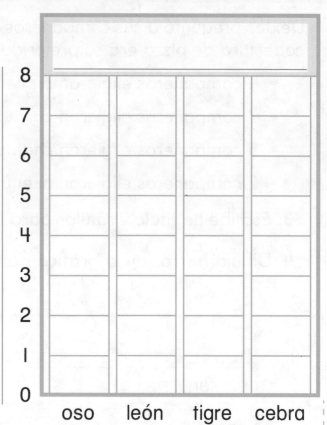

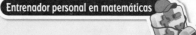

Entrenador personal en matemáticas

9. **PIENSA MÁS +** Observa la gráfica de barras de arriba. Imagina que 2 compañeros de Cody eligen la cebra en lugar del oso. Explica en qué cambiaría la gráfica de barras.

_____

_____

_____

ACTIVIDAD PARA LA CASA • Pida a su niño que describa cómo hacer una gráfica de barras para mostrar datos.

Hacer gráficas de barras

Estándares comunes **ESTÁNDARES COMUNES—2.MD.D.10**
Representan e interpretan datos.

María preguntó a sus amigos cuántas horas
por semana practicaban fútbol.

- Jessie practica 3 horas.
- Víctor practica 2 horas.
- Samantha practica 5 horas.
- David practica 6 horas.

I. Escribe un título y rótulos para la gráfica de barras.

_____

2. Dibuja barras en la gráfica para mostrar los datos.

Jessie										
Víctor										
Samantha										
David										

0　1　2　3　4　5　6　7　8　9　10

_____

3. ¿Qué amigo practica fútbol la mayor
cantidad de horas por semana?

_____

Resolución de problemas

4. ¿Qué amigos practican fútbol menos
de 4 horas por semana?　_____

5. ESCRIBE ▸ Matemáticas Observa la gráfica de barras de arriba. Describe cómo
sombreaste las barras para mostrar los datos.

_____

Repaso de la lección (2.MD.D.10)

I. Usa la gráfica de barras. ¿Cuántos niños más eligieron verano que primavera?

Estación favorita

Estación							
verano							
otoño							
invierno							
primavera							

| 0 | 1 | 2 | 3 | 4 | 5 | 6 |

Número de niños

_____ niños

Repaso en espiral (2.MD.A.1, 2.MD.B.5, 2.MD.C.7, 2.MD.C.8)

2. La cadena de Rachel mide 22 centímetros de largo. Le quita 9 centímetros a la cadena. ¿Cuál es la longitud de la cadena de Rachel ahora?

_____ centímetros

3. Usa una regla en pulgadas. ¿Cuál es la longitud de la cuerda a la pulgada más cercana?

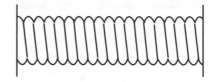

_____ pulgadas

4. Gail terminó de estudiar a la 1 y cuarto. ¿A qué hora terminó de estudiar Gail?

____ : ____

5. Jill tiene dos billetes de $1, 1 moneda de 25¢ y 1 moneda de 5¢. ¿Cuánto dinero tiene Jill?

$ _____

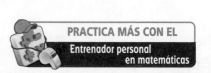

PRACTICA MÁS CON EL
Entrenador personal
en matemáticas

Resolución de problemas •
Mostrar datos

Pregunta esencial ¿Cómo te ayuda una gráfica de barras cuando resuelves problemas sobre datos?

Medición y datos—
2.MD.D.10

PRÁCTICAS MATEMÁTICAS
MP1, MP3, MP4

María anotó la lluvia que cayó en su ciudad durante cuatro meses. ¿Cómo cambió la cantidad de lluvia que cayó de septiembre a diciembre?

septiembre	4 pulgadas
octubre	3 pulgadas
noviembre	2 pulgadas
diciembre	1 pulgada

Soluciona el problema

¿Qué debo hallar?

cómo cambió la cantidad de

lluvia que cayó

de septiembre a diciembre

¿Qué información debo usar?

la cantidad de lluvia que cayó
en cada uno de los cuatro meses

Muestra cómo resolver el problema.

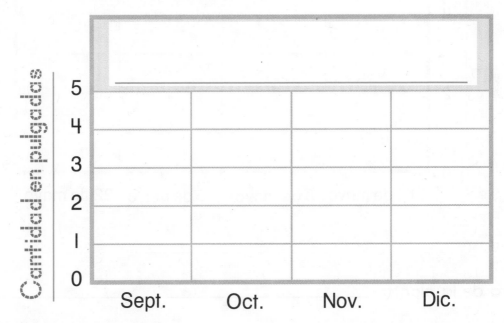

Cantidad en pulgadas

5
4
3
2
1
0

Sept.   Oct.   Nov.   Dic.

La cantidad de lluvia que cayó _____

_____

NOTA A LA FAMILIA • Su niño hizo una gráfica de barras para mostrar los datos. Hacer una gráfica sirve para que su niño organice los datos para resolver problemas.

Haz una gráfica de barras para resolver el problema.

- ¿Qué debo hallar?
- ¿Qué información debo usar?

1. Matthew midió la altura de su planta una vez a la semana durante cuatro semanas. Describe cómo cambió la altura de la planta desde el 1.° de mayo hasta el 22 de mayo.

1.° de mayo	2 pulgadas
8 de mayo	3 pulgadas
15 de mayo	5 pulgadas
22 de mayo	7 pulgadas

La altura de la planta _____

_____

Charla matemática

PRÁCTICAS MATEMÁTICAS **4**

¿Cuántas pulgadas creció la planta desde el 1.° de mayo hasta el 22 de mayo? **Explica.**

Nombre _____

Haz una gráfica de barras para resolver el problema.

Semana 1	1 hora
Semana 2	2 horas
Semana 3	4 horas
Semana 4	5 horas

✔2. Bianca escribió el número de horas que practicó guitarra en junio. Describe cómo cambió la cantidad de tiempo de práctica desde la Semana 1 hasta la Semana 4.

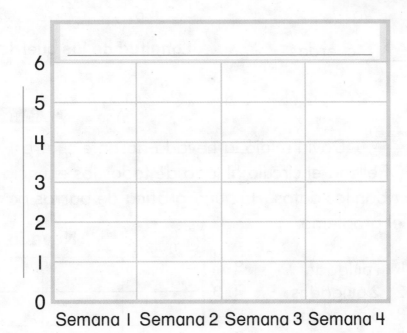

6
5
4
3
2
1
0
Semana 1   Semana 2   Semana 3   Semana 4

_____

La cantidad de tiempo de práctica _____

_____

3. **PIENSA MÁS** Si el tiempo de práctica de Bianca es de 4 horas en la Semana 5, ¿cómo cambia su tiempo de práctica de la Semana 1 a la Semana 5?

_____

_____

_____

Resolución de problemas • Aplicaciones

4. ¿Cuántas cuerdas miden 9 pulgadas de largo?

_____ cuerdas

5. [MÁS AL DETALLE] ¿Cuántas cuerdas miden más de 6 pulgadas de largo?

_____ cuerdas

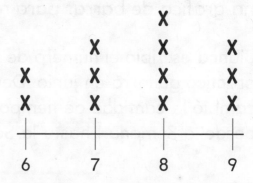

Longitud de las cuerdas en pulgadas

6. [PIENSA MÁS +] David midió la nevada durante cuatro semanas. Rellena el círculo al lado de todos los enunciados que describan los datos. Haz una gráfica de barras para resolver el problema.

Semana 1	1 pulgada
Semana 2	2 pulgadas
Semana 3	3 pulgadas
Semana 4	4 pulgadas

Nevada

Nevada en pulgadas

4 · 3 · 2 · 1 · 0

Semana 1   Semana 2   Semana 3   Semana 4

Semana

○ Había 2 pulgadas de nieve en la Semana 2.

○ La nevada aumentó cada semana.

○ La nevada disminuyó de la Semana 3 a la Semana 4.

○ Hubo un total de 4 pulgadas de nieve en la Semana 2 y la Semana 3.

○ Hubo 3 pulgadas más de nieve en la Semana 4 que en la Semana 1.

ACTIVIDAD PARA LA CASA • Pida a su niño que explique cómo resolvió uno de los problemas de esta lección.

Resolución de problemas •
Mostrar datos

ESTÁNDARES COMUNES—2.MD.D.10
Representan e interpretan datos.

Haz una gráfica de barras para resolver el problema.

febrero	8 libros
marzo	7 libros
abril	6 libros
mayo	4 libros

I. La lista muestra el número de libros que Abby leyó por mes. Describe cómo cambió de febrero a mayo el número de libros que leyó.

_____											
febrero											
marzo											
abril											
mayo											

0   1   2   3   4   5   6   7   8   9   10

_____

El número de libros _____

_____

_____

2. ¿Cuántos libros leyó Abby entre febrero y marzo en total?   _____ libros

3. ¿Qué meses leyó Abby menos de 7 libros? _____

4. **ESCRIBE Matemáticas** Explica cómo decidiste dónde debía acabar la barra para marzo.

Repaso de la lección (2.MD.D.10)

1. Usa la gráfica de barras. Describe cómo cambió el número de horas de la Semana 1 a la Semana 4.

El número de horas de práctica

_____

_____

_____

_____

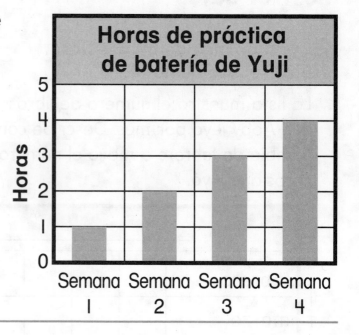

Horas de práctica de batería de Yuji

Repaso en espiral (2.MD.A.3, 2.MD.C.8)

2. La cuerda mide aproximadamente 10 centímetros de largo. Encierra en un círculo la mejor estimación de la longitud de la pluma.

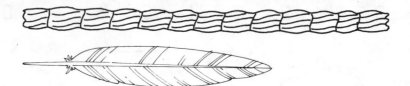

2 centímetros   3 centímetros   7 centímetros

3. ¿Cuál es el valor total de este grupo de monedas?

_____ ¢ o _____ centavos

4. Rick tiene un billete de $1, 2 monedas de 10¢ y 3 monedas de 1¢. ¿Cuánto dinero tiene Rick?

$ _____

PRACTICA MÁS CON EL
Entrenador personal
en matemáticas

Repaso y prueba del Capítulo 10

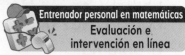
Entrenador personal en matemáticas
Evaluación e intervención en línea

1. Hara preguntó a sus amigos cuál es su sabor de yogur favorito. Usa los datos para hacer una tabla de conteo.

   lima – 2 personas
   durazno – 3 personas
   baya – 5 personas
   vainilla – 7 personas

Sabor de yogur favorito	
Yogur	Conteo
durazno	
baya	
lima	
vainilla	

2. ¿Describe el enunciado los datos de la tabla de conteo de arriba? Elige Sí o No.

   7 amigos prefieren la baya y el durazno. ○ Sí ○ No

   Más amigos prefieren el durazno en lugar de la lima. ○ Sí ○ No

   Más amigos prefieren la vainilla que cualquier otro sabor. ○ Sí ○ No

3. Hara preguntó a 5 amigos más. 3 amigos eligieron la baya y 2 amigos prefieren la lima. ¿Qué sabor eligieron más amigos ahora? Explica.

   _____

   _____

   _____

4. Teresa contó las hojas de su planta una vez al mes durante cuatro meses. Describe cómo cambió el número de hojas de su planta del 1.° de mayo al 1.° de agosto. Haz una gráfica de barras para resolver el problema.

1.° de mayo	2 hojas
1.° de junio	4 hojas
1.° de julio	6 hojas
1.° de agosto	8 hojas

El número de hojas de la planta _____

_____

5. Si Teresa cuenta 9 hojas el 1.° de septiembre, ¿cómo cambia el número de hojas del 1.° de mayo al 1.° de septiembre?

_____

_____

6. Usa la tabla de conteo para completar la pictografía.
Dibuja una ☺ para cada niño.

Juego de recreo favorito	
corre que te toco	I
rayuela	IIII
bola pateada	III
jacks	II

Juego de recreo favorito				
corre que te toco				
rayuela				
bola pateada				
jacks				

Clave: Cada ☺ representa 1 niño.

7. ¿Cuántos niños eligieron la rayuela?

_____ niños

8. ¿Cuántos niños menos eligieron el corre que te toco
que la bola pateada?

_____ niños menos

9. **MÁS AL DETALLE** ¿Qué dos juegos eligieron un total de 4 niños?

_____

10. El Sr. Sánchez pidió a los niños de su clase que nombraran su tipo de libro favorito. Usa los datos para completar la gráfica de barras.

8 niños eligieron ficción
4 niños eligieron ciencias
6 niños eligieron historia
9 niños eligieron poesía

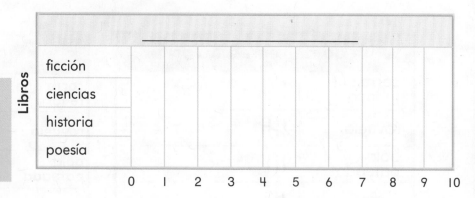

11. **PIENSA MÁS**   Rellena el círculo al lado de todos los enunciados que describan los datos de la gráfica de barras de arriba.

○ 8 niños eligieron ficción.

○ Menos niños eligieron ficción que historia.

○ 3 niños más eligieron historia que ciencias.

○ Más niños eligieron poesía que cualquier otro tipo de libro.

12. ¿Eligieron más niños ciencias e historia que poesía? Explica.

_____

_____

13. ¿Cuántos niños eligieron un libro que no es de ficción?

_____ niños

La labor de un agricultor

por Tami Morton

Estándares comunes · ÁREA DE ATENCIÓN · Describir y analizar las formas

La labor de un agricultor nunca termina. Los agricultores están ocupados todas las estaciones del año. Cultivan frutas y verduras para que la gente coma. ¿Qué figuras ves?

¿Por qué es importante el trabajo de un agricultor?

Estudios Sociales

En primavera, los agricultores preparan el campo. Aran el campo y fertilizan el suelo. Plantan sus semillas.

¿Qué figuras ves?

_____

Estudios Sociales

¿En qué se diferencia el trabajo de un agricultor hoy al de hace mucho tiempo?

En verano, los agricultores cuidan sus cultivos. Se aseguran de que las plantas reciban suficiente agua cuando no llueve. ¿Qué figuras ves?

_____

¿Por qué un agricultor debe saber sobre los cambios del tiempo?

Estudios Sociales

696

En otoño, los agricultores cosechan muchas frutas y verduras. Venden la mayoría de las frutas y las verduras a otras personas. ¿Qué figuras ves?

_____

Estudios Sociales

¿Por qué un agricultor cultiva más frutas y verduras que las que su familia puede comer?

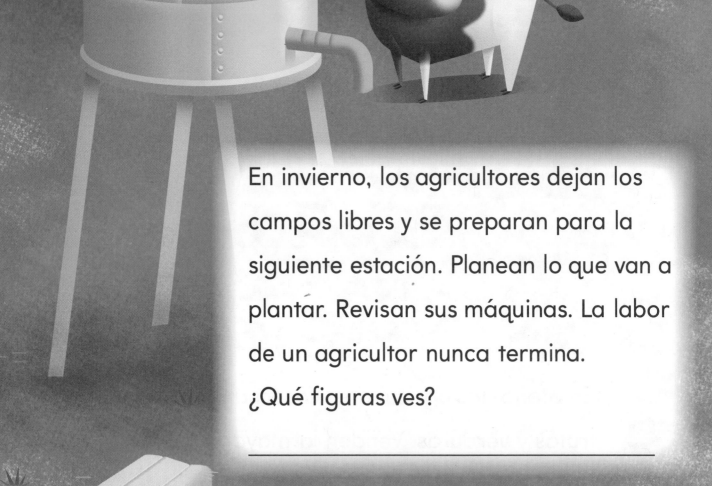

En invierno, los agricultores dejan los campos libres y se preparan para la siguiente estación. Planean lo que van a plantar. Revisan sus máquinas. La labor de un agricultor nunca termina. ¿Qué figuras ves?

¿Por qué son importantes las estaciones para un agricultor?

Estudios Sociales

Escribe sobre el cuento

Observa los dibujos de los objetos de la granja. Haz un dibujo y escribe tu propio cuento sobre los objetos. Cuenta sobre figuras a las que se parecen estos objetos.

Repaso del vocabulario

cilindro	cubo
cono	círculo
esfera	triángulo
cuadrado	rectángulo
prisma rectangular	

ESCRIBE Matemáticas

_____

_____

_____

_____

_____

¿Qué figura ves?

Dibuja una línea para emparejar la figura con el nombre.

•   •   •

•   •   •

cilindro   prisma rectangular   círculo

Encierra en un círculo las figuras que tienen una superficie curva.

cilindro   prisma rectangular

cubo   cono

esfera

Escribe un acertijo sobre una figura. Pide a un compañero que lea el acertijo y nombre la figura.

Geometría y conceptos de fracción

Piensa como matemático

El aire caliente sube. Si un globo se llena de aire caliente, sube flotando hacia el cielo.

Algunos globos se ven como si tuvieran figuras bidimensionales. Menciona algunas figuras bidimensionales. Luego dibuja ejemplos de estas figuras.

Nombre _____

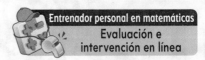

Partes iguales

Encierra en un círculo la figura que tenga dos partes iguales. (1.G.A.3)

1.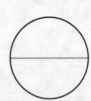

2.

Identifica figuras tridimensionales

3. Encierra en un círculo cada ⬭ . (1.G.A.1)

---

4. Encierra en un círculo cada ⬛ . (1.G.A.1)

Identifica figuras

Encierra en un círculo todas las figuras que coincidan con el nombre de la figura. (1.G.A.1)

5. triángulo

---

6. rectángulo

Esta página es para verificar la comprensión de destrezas importantes que se necesitan para tener éxito en el Capítulo 11.

Desarrollo del vocabulario

Visualízalo

Haz dibujos para completar el organizador gráfico.

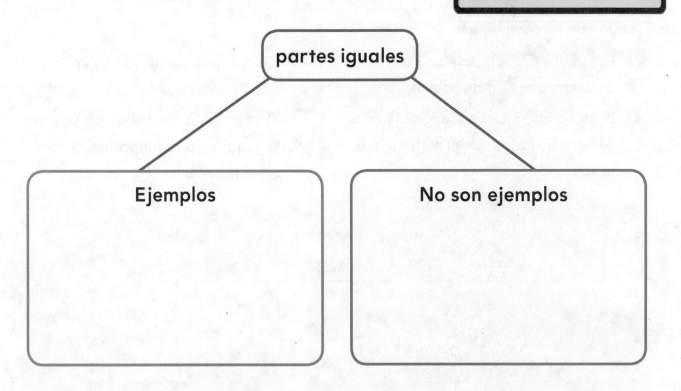

partes iguales

Ejemplos

No son ejemplos

Comprende el vocabulario

Dibuja una **figura** que coincida con el nombre de la figura.

rectángulo | triángulo | cuadrado

• Libro interactivo del estudiante
• Glosario multimedia

Juego Cuenta los lados

Materiales • 1 • 10 ⬤ • 10 ⬤

Juega con un compañero.

1 Lanza el . Si te sale un 1 o un 2, lanza el dado de nuevo.

2 Busca una figura que tenga el mismo número de lados que el número que te salió.

3 Coloca una de tus fichas en esa figura.

4 Túrnense. Cubre todas las figuras. El jugador que tenga más fichas en el tablero es el ganador.

Vocabulario del Capítulo 11

ángulo

angle

2

arista

edge

3

cara

face

4

cilindro

cylinder

7

cono

cone

12

cuadrilátero

quadrilateral

13

cuarto de

fourth of

14

cuartos

fourths

15

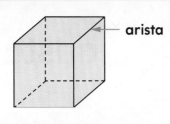 **arista**

Una **arista** se forma donde se juntan dos caras de una figura tridimensional.

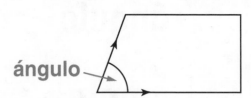 **ángulo**

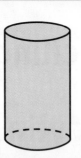

Una figura bidimensional de 4 lados es un **cuadrilátero**.

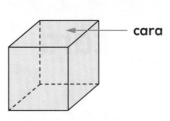 **cara**

Cada superficie plana de este cubo es una **cara**.

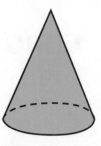

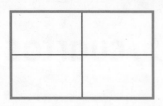

Esta figura tiene 4 partes iguales. estas partes iguales se llaman **cuartos**.

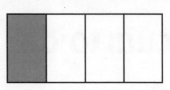

Un **cuarto de** la figura es verde.

cubo

cube

16

esfera

sphere

28

hexágono

hexagon

31

lado

side

33

mitades

halves

41

pentágono

pentagon

49

prisma rectangular

rectangular prism

52

tercios

thirds

61

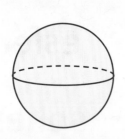

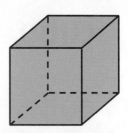

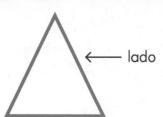

← lado

Los triángulos tienen 3 lados.

Una figura bidimensional de 6 lados es un **hexágono**.

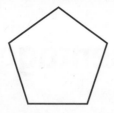

Una figura bidimensional de 5 lados es un **pentágono**.

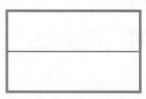

Esta figura tiene 2 partes iguales. Estas partes iguales se llaman **mitades**.

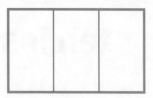

Esta figura tiene 3 partes iguales. Estas partes iguales se llaman **tercios**.

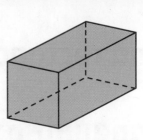

un cuarto de

a fourth of

62

un tercio de

third of

63

vértice/vértices

vertex/vertices

65

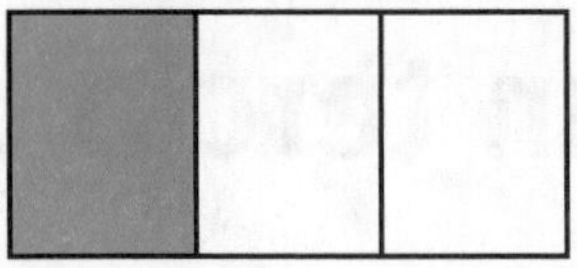

Un **tercio de** la figura es verde.

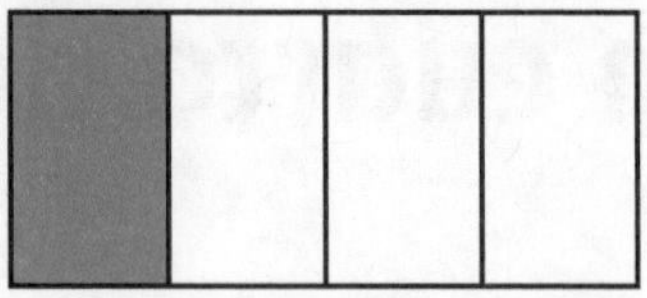

Un **cuarto de** la figura es verde.

vértice

vértice

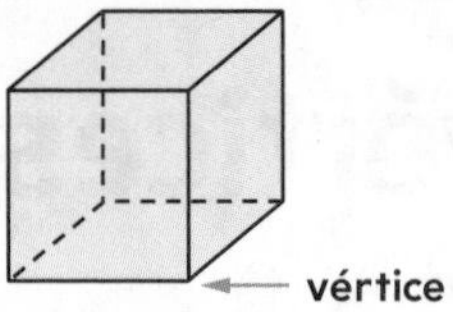

Un **vértice** es el punto de una esquina de una figura tridimensional.

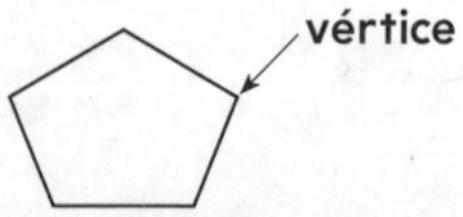

Esta figura tiene 5 vértices.

Juego

Vamos a la carrera de globos

Jugadores: 2

Materiales

- |
- |
- |

- Tarjetas clave

Instrucciones

1. Coloca tu ▪ en la SALIDA.

2. Lanza el 🎲, y muévete esa cantidad de espacios.

3. Si caes en estos espacios:

   Espacio azul Sigue las instrucciones.

   Espacio rojo Saca una Tarjeta clave de la pila. Si respondes la pregunta de manera correcta, te quedas con la tarjeta. De lo contrario, devuelve la tarjeta y colócala en la parte de abajo de la pila.

4. Junta al menos 5 Tarjetas clave. Muévete por el recorrido tantas veces como sea necesario.

5. Cuando tengas 5 Tarjetas clave, sigue el recorrido más cercano hasta el centro del tablero para llegar a la META.

6. El primer jugador que llega a la META es el ganador.

Recuadro de palabras
ángulo
arista
cara
cilindro
cono
cuadrilátero
cuartos
cubo
hexágono
lado
mitades
pentágono
prisma rectangular
tercios
vértice

SACA UNA TARJETA CLAVE

La brisa empuja tu globo. Avanza 1.

META

SACA UNA TARJETA CLAVE

El viento saca a tu globo de la carrera. Retrocede 1.

Juego

SACA UNA
TARJETA
CLAVE

Tu globo casi
toca el suelo.
Retrocede 1.

Tu globo tiene
un buen
lanzamiento.
Avanza 1.

META

SALIDA ▶

SACA UNA
TARJETA
CLAVE

Escríbelo

Reflexiona

Elige una idea. Escribe acerca de la idea en el espacio de abajo.

- Dibuja y escribe acerca de todas las palabras. Usa otra hoja de papel para tus dibujos.

  cara   arista   vértice

- Elige una de estas figuras. Escribe tres cosas que sabes de ellas.

  cuadrilátero   pentágono   hexágono

- Explica cómo sabes la diferencia entre mitades, tercios y cuartos. Si es necesario, dibuja en otra hoja de papel.

Nombre _____

Figuras tridimensionales

Pregunta esencial ¿Qué objetos coinciden con las figuras tridimensionales?

Estándares comunes Geometría—2.G.A.1

PRÁCTICAS MATEMÁTICAS
MP3, MP6

Escucha y dibuja En el mundo

Dibuja un objeto que tenga la figura que se muestra.

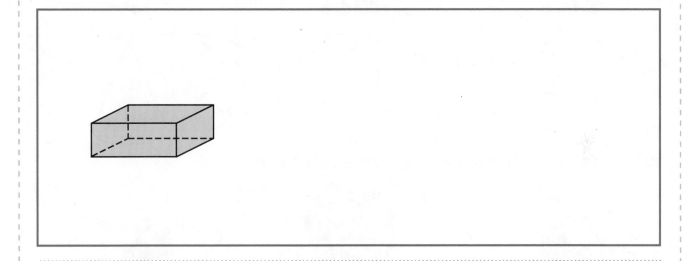

Charla matemática

PRÁCTICAS MATEMÁTICAS 3

Aplica Describe en qué se parecen las figuras. Describe en qué se diferencian.

PARA EL MAESTRO • Pida a los niños que observen la primera figura y mencionen objetos reales que tengan esa forma, como una caja de cereal. Pida a cada niño que haga el dibujo de un objeto de la vida real que tenga la misma forma. Repita la actividad con la segunda figura.

Estas son figuras tridimensionales.

cubo

prisma rectangular

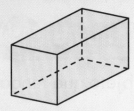

esfera

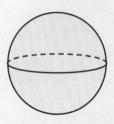

cilindro

cono

¿Cuál de estos objetos tiene la forma de un cubo?

Comparte y muestra

Encierra en un círculo los objetos que coincidan con el nombre de la figura.

☑ **I.** esfera

☑ **2.** cubo

Nombre _____

Encierra en un círculo los objetos que coincidan
con el nombre de la figura.

3. cilindro

4. prisma rectangular

5. cono

6. **MÁS AL DETALLE** Julio usó cuadrados de cartón para
hacer las superficies planas de un
cubo. ¿Cuántos cuadrados usó?

_____ cuadrados

7. **PIENSA MÁS** Encierra en un círculo las figuras que tienen
una superficie curva. Dibuja una X sobre las figuras que
no tienen una superficie curva.

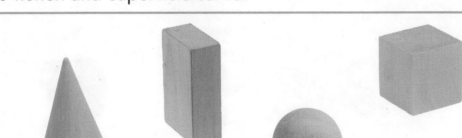

Resolución de problemas · Aplicaciones En el mundo

ESCRIBE ▸ Matemáticas

8. **PRÁCTICA MATEMÁTICA 6** **Haz conexiones** Reba trazó
el contorno de la parte inferior de cada bloque.
Empareja cada bloque con la figura que dibujó Reba.

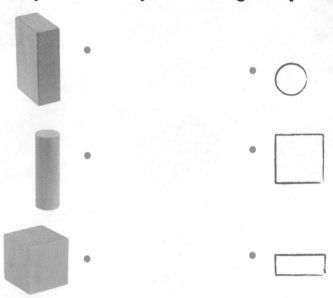

9. **PIENSA MÁS** Empareja las figuras.

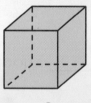 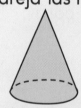 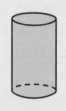

 ACTIVIDAD PARA LA CASA · Pida a su niño que
mencione un objeto que tenga la forma de un cubo.

708 setecientos ocho

Figuras tridimensionales

Estándares comunes **ESTÁNDARES COMUNES—2.G.A.1**
Razonan usando figuras geométricas y sus atributos.

Encierra en un círculo los objetos que coincidan con el nombre de la figura.

1. cubo

2. cono

3. prisma rectangular

Resolución de problemas · En el mundo

4. Lisa dibujó un círculo trazando el contorno del fondo de un bloque. ¿Cuál podría ser la forma del bloque de Lisa?

    cono   cubo   prisma rectangular

5. **ESCRIBE · Matemáticas** Describe una manera en la que se parecen un cubo y un cilindro. Describe una manera en la que se diferencian.

Repaso de la lección (2.G.A.1)

1. ¿Cuál es el nombre de esta figura?

_____

2. ¿Cuál es el nombre de esta figura?

_____

Repaso en espiral (2.MD.A.3, 2.MD.C.7, 2.MD.C.8)

3. La cuerda mide aproximadamente 6 centímetros de largo. ¿Cuál es la mejor estimación de la longitud del crayón?

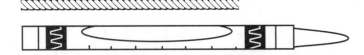

3 centímetros   9 centímetros   14 centímetros

4. ¿Cuál es el valor total de este grupo de monedas?

_____

5. ¿Qué hora muestra este reloj?

_____ : _____

PRACTICA MÁS CON EL
Entrenador personal
en matemáticas

Nombre _____

Propiedades de las figuras tridimensionales

Pregunta esencial ¿Cómo describirías las caras de un prisma rectangular y las caras de un cubo?

Estándares comunes · Geometría—2.G.A.1

PRÁCTICAS MATEMÁTICAS
MP1, MP5, MP6

Escucha y dibuja

Encierra en un círculo los conos. Dibuja una X sobre la esfera.

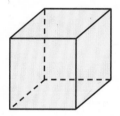

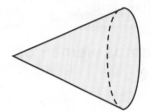

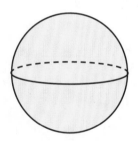

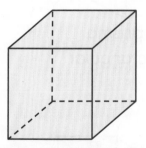

Charla matemática

PRÁCTICAS MATEMÁTICAS

Menciona las otras figuras de esta página. **Describe** en qué se diferencian.

NOTA A LA FAMILIA • Su niño identificó las figuras de esta página para repasar varios tipos de figuras tridimensionales.

Las **caras** de un cubo son cuadradas.

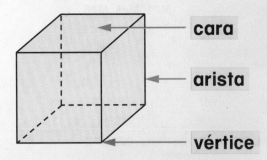

cara

arista

vértice

Los **vértices** son los puntos de las esquinas de un cubo.

Comparte y muestra

Escribe cuántos elementos tiene cada uno.

	caras	aristas	vértices

1.

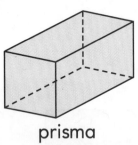

prisma rectangular

_____   _____   _____

2.

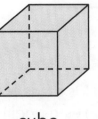

cubo

_____   _____   _____

Por tu cuenta

3. **MÁS AL DETALLE** Usa papel punteado. Sigue estos pasos para dibujar un cubo.

Paso 1 Dibuja un cuadrado. Haz cada lado de 4 unidades de largo.

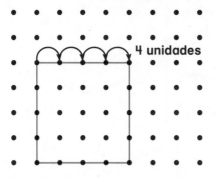

4 unidades

Paso 2 Dibuja aristas desde 3 vértices, de este modo.

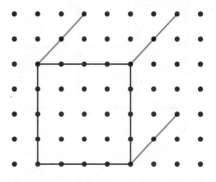

Paso 3 Dibuja 2 aristas más.

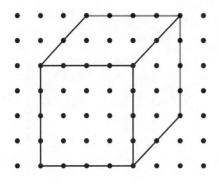

Paso 4 Dibuja 3 aristas con líneas punteadas para mostrar las caras que no se ven.

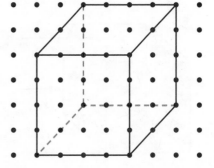

4. **PIENSA MÁS** Traza todas las caras de un prisma rectangular en una hoja de papel. Escribe para hablar de las figuras que dibujaste.

_____

_____

Resolución de problemas • Aplicaciones En el mundo

ESCRIBE ▸ Matemáticas

5. **PRÁCTICA MATEMÁTICA 6** **Haz conexiones** Marcus trazó las caras de una figura tridimensional. Encierra en un círculo el nombre de la figura que usó.

cilindro

cubo

esfera

cono

6. **PIENSA MÁS** Usa las palabras de las fichas cuadradas para rotular las partes del cubo.

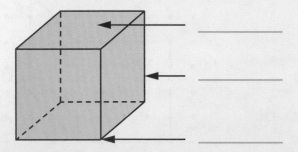

arista   cara   vértice

_____

_____

_____

Describe las caras de un cubo.

_____

_____

Nombre _____

Nombre _____

Propiedades de las figuras tridimensionales

Encierra en un círculo el conjunto de figuras que sean las caras de la figura tridimensional.

Nombre _____

1. 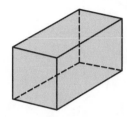 prisma rectangular

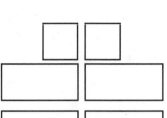

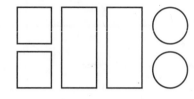

2. 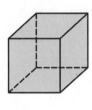 cubo

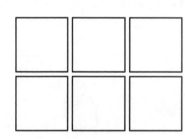

Resolución de problemas

3. Kevin guarda sus canicas en un recipiente que tiene forma de cubo. Quiere pintar cada cara de un color diferente. ¿Cuántos colores diferentes de pintura necesita?

_____ colores diferentes de pintura

4. **ESCRIBE** Matemáticas Describe un cubo. Usa en tu descripción las palabras *caras*, *aristas* y *vértices*.

_____

_____

Capítulo 11

setecientos quince **715**

© Houghton Mifflin Harcourt Publishing Company

Repaso de la lección (2.G.A.1)

1. ¿Cuántas caras tiene un cubo?

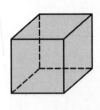

_____ caras

2. ¿Cuántas caras tiene un prisma rectangular?

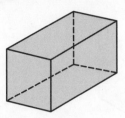

_____ caras

Repaso en espiral (2.MD.C.7, 2.MD.D.9, 2.G.A.1)

3. ¿Qué hora muestra este reloj?

_____ : _____

4. Encierra en un círculo el cono.

5. Usa el diagrama de puntos. ¿Cuántos libros miden 8 pulgadas de largo?

_____ libros

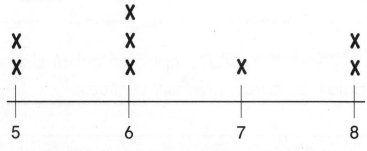

Longitud de los libros en pulgadas

PRACTICA MÁS CON EL
Entrenador personal en matemáticas

Nombre _____

Construir figuras tridimensionales

Pregunta esencial ¿Cómo puedes construir un prisma rectangular?

Estándares comunes Geometría—2.G.A.1
PRÁCTICAS MATEMÁTICAS
MP1, MP3, MP4, MP7

Escucha y dibuja En el mundo

Encierra en un círculo las figuras con superficies curvas.
Dibuja una X sobre las figuras con superficies planas.

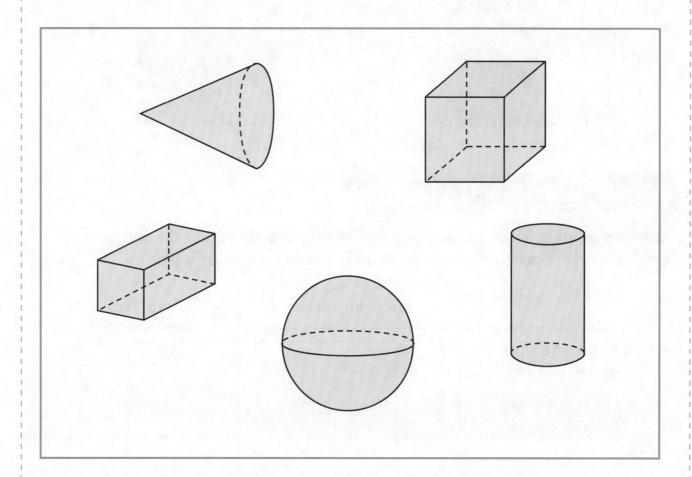

NOTA A LA FAMILIA • Su hijo clasificó las figuras de esta página usando los atributos de las figuras.

Charla matemática
PRÁCTICAS MATEMÁTICAS 3

Nombra las figuras sobre las que dibujaste una X. **Describe** en qué se diferencian.

Construye este prisma rectangular
con 12 cubos de una unidad.

El sombreado muestra las vistas superior y frontal.

| **vista superior** | **vista frontal** |

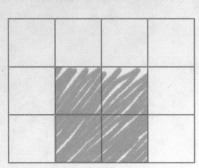

Comparte y muestra

Construye un prisma rectangular con el número de cubos de una
unidad dado. Sombrea para mostrar las vistas superior y frontal.

	vista superior	**vista frontal**
1. 9 cubos de una unidad		
2. 16 cubos de una unidad		

Nombre _____

Por tu cuenta

Construye un prisma rectangular con el número de cubos de una unidad dado. Sombrea para mostrar las vistas superior y frontal.

	vista superior	vista frontal
3. 24 cubos de una unidad		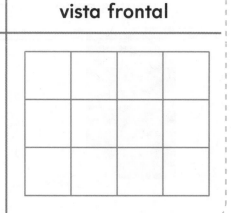

4. **PIENSA MÁS** Se muestran las vistas superior, lateral y frontal de un prisma rectangular. Construye el prisma. ¿Cuántos cubos de una unidad se utilizan para construir el sólido?

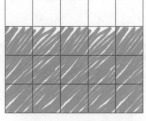
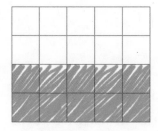
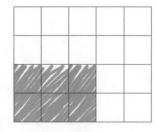

vista superior   vista frontal   vista lateral   _____ cubos de una unidad

5. **PRÁCTICA MATEMÁTICA ①** Analiza Jen usa 18 cubos para construir un prisma rectangular. Se muestran las vistas superior y frontal. Sombrea para mostrar la vista lateral.

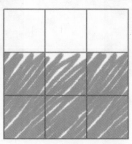
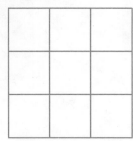

vista superior   vista frontal   vista lateral

PRÁCTICAS MATEMÁTICAS   REPRESENTAR • RAZONAR • ENTENDER

Resolución de problemas • Aplicaciones

Resuelve. Escribe o dibuja para explicar.

6. **MÁS AL DETALLE** Tomas construyó este prisma rectangular.
¿Cuántos cubos de una unidad usó?

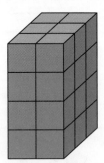

_____ cubos

7. **PRÁCTICA MATEMÁTICA ⑦** Busca la estructura
Theo construye la primera capa de un prisma rectangular
con 4 cubos. Agrega 3 capas más de 4 cubos cada una.
¿Cuántos cubos usó para el prisma?

_____ cubos

Entrenador personal en matemáticas

8. **PIENSA MÁS ➕** Tyler construyó este prisma
rectangular con cubos de una unidad. Luego
lo separó y usó todos los cubos para construir
dos prismas nuevos. Rellena los círculos al lado
de los dos prismas que construyó.

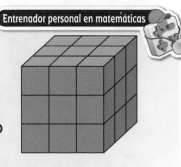

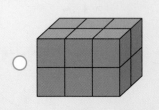   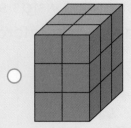   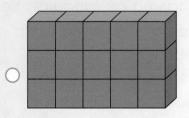

  ACTIVIDAD PARA LA CASA • Pida a su niño que
muestre cómo resolvió un ejercicio de esta lección.

720 setecientos veinte

© Houghton Mifflin Harcourt Publishing Company

Construir figuras tridimensionales

Estándares comunes

ESTÁNDARES COMUNES—2.G.A.1
Razonan usando figuras geométricas y sus atributos.

Construye un prisma rectangular con los cubos de una unidad dados. Sombrea para mostrar las vistas superior y frontal.

	vista superior	vista frontal
I. 12 cubos de una unidad		

Resolución de problemas En el mundo

Resuelve. Escribe o dibuja para explicar.

2. Rosie construyó este prisma rectangular. ¿Cuántos cubos de una unidad usó?

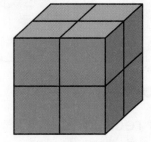

_____ cubos de una unidad

3. 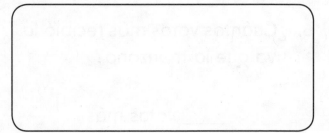 **ESCRIBE** Matemáticas Construye un prisma rectangular con cubos. Luego dibuja en tu cuaderno las vistas superior, lateral e inferior de tu prisma.

1. Milt construye la primera capa de un prisma rectangular usando 3 cubos. Añade 2 capas más de 3 cubos cada una. ¿Cuántos cubos usó Milt para el prisma?

_____ cubos

2. Thea construye la primera capa de un prisma rectangular usando 4 cubos. Raj añade 4 capas más de 4 cubos cada una. ¿Cuántos cubos usaron para el prisma?

_____ cubos

Repaso en espiral (2.NBT.B.5, 2.MD.C.7, 2.MD.D.10)

3. La clase de danza de Patti empieza a las cuatro y cuarto. ¿A qué hora empieza la clase de danza de Patti?

_____ : _____

4. Nicole tiene 56 cuentas. Charles tiene 34 cuentas. ¿Cuántas más cuentas tiene Nicole que Charles?

_____ más cuentas

Usa la gráfica de barras.

5. ¿Qué tipo de fruta recibió la menor cantidad de votos?

_____

6. ¿Cuántos votos más recibió la uva que la manzana?

_____ votos más

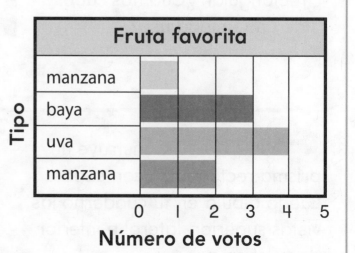

722 setecientos veintidós

PRACTICA MÁS CON EL
Entrenador personal
en matemáticas

© Houghton Mifflin Harcourt Publishing Company

Nombre _____

Figuras bidimensionales

Pregunta esencial ¿Qué figuras puedes nombrar solo con saber el número de lados y de vértices?

Estándares comunes Geometría—2.G.A.1

PRÁCTICAS MATEMÁTICAS
MP4, MP7

Escucha y dibuja

Usa una regla. Dibuja una figura con 3 lados rectos.
Luego dibuja una figura con 4 lados rectos.

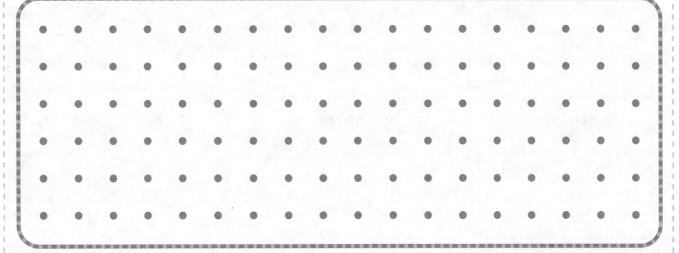

PRÁCTICAS MATEMÁTICAS 7

Describe en qué se diferencian tus figuras de las figuras que dibujó un compañero.

PARA EL MAESTRO • Pida a los niños que tracen los lados de las figuras usando los bordes rectos de sus reglas. Pida a los niños que dibujen una figura bidimensional de 3 lados y luego una figura bidimensional de 4 lados.

Puedes contar los **lados** y los **vértices** para saber el nombre de las figuras bidimensionales. Observa cuántos lados y vértices tiene cada figura.

triángulo

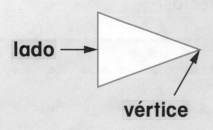

lado →

vértice

__3__ lados

__3__ vértices

---

cuadrilátero

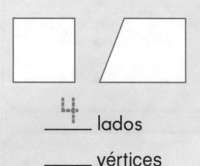

__4__ lados

_____ vértices

pentágono

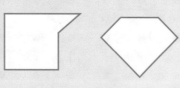

_____ lados

_____ vértices

hexágono

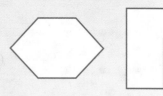

_____ lados

_____ vértices

Comparte y muestra  MATH BOARD

Escribe el número de lados y el número de vértices.

I. triángulo

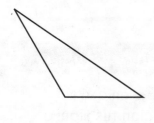

_____ lados

_____ vértices

✓ 2. hexágono

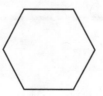

_____ lados

_____ vértices

✓ 3. pentágono

_____ lados

_____ vértices

Por tu cuenta

Escribe el número de lados y el número de vértices. Luego escribe el nombre de la figura.

4.

_____ lados

_____ vértices

_____

5.

_____ lados

_____ vértices

_____

6.

_____ lados

_____ vértices

_____

7.

_____ lados

_____ vértices

_____

8.

_____ lados

_____ vértices

_____

9.

_____ lados

_____ vértices

_____

MÁS AL DETALLE Dibuja más lados para formar la figura.

10. pentágono

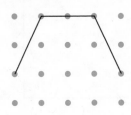

11. cuadrilátero

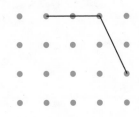

12. hexágono

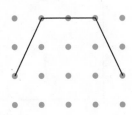

Resolución de problemas • Aplicaciones En el mundo

 **ESCRIBE** Matemáticas

Resuelve. Escribe o dibuja para explicar.

13. **PIENSA MÁS** Álex dibuja un hexágono y dos pentágonos. ¿Cuántos lados dibuja en total?

Matemáticas al instante

_____ lados

14. **PRÁCTICA MATEMÁTICA ④** Usa diagramas
Ed dibuja una figura que tiene 4 lados. No es un cuadrado. No es un rectángulo. Dibuja una figura que podría ser la figura de Ed.

15. **PIENSA MÁS** Cuenta los lados y los vértices de cada figura bidimensional. Dibuja cada figura en el lugar de la tabla que le corresponde.

Cuadrilátero	Hexágono	Triángulo

ACTIVIDAD PARA LA CASA • Pida a su niño que dibuje una figura que sea un cuadrilátero.

Figuras bidimensionales

Estándares comunes

ESTÁNDARES COMUNES—2.G.A.1
Razonan usando figuras geométricas y sus atributos.

Escribe el número de lados y el número de vértices. Luego escribe el nombre de la figura.

pentágono	triángulo
hexágono	cuadrilátero

1.

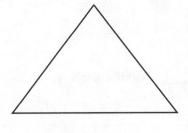

_____ lados

_____ vértices

_____

2.

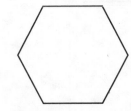

_____ lados

_____ vértices

_____

3.

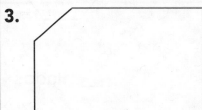

_____ lados

_____ vértices

_____

Resolución de problemas En el mundo

Resuelve. Escribe o dibuja para explicar.

4. Oscar hace el dibujo de una casa.
Dibuja una ventana con forma de pentágono.
¿Cuántos lados tiene esta ventana?

_____ lados

5. **Matemáticas** Dibuja y rotula un pentágono y un cuadrilátero.

Repaso de la lección (2.G.A.1)

1. ¿Cuántos lados tiene un hexágono?

_____ lados

2. ¿Cuántos vértices tiene un cuadrilátero?

_____ vértices

Repaso en espiral (2.MD.A.1, 2.MD.D.10)

3. Usa una regla en centímetros. ¿Cuál es la longitud de la cinta al centímetro más cercano?

_____ centímetros

4. Observa la gráfica con dibujos. ¿Cuántos niños más eligieron manzanas en lugar de naranjas?

_____ niños más

Fruta favorita				
manzanas	☺	☺	☺	☺
naranjas	☺	☺		
uvas	☺	☺	☺	
duraznos	☺	☺		

Clave: Cada ☺ representa 1 niño.

© Houghton Mifflin Harcourt Publishing Company

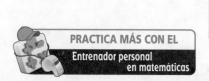

PRACTICA MÁS CON EL
Entrenador personal en matemáticas

Nombre _____

Ángulos de figuras bidimensionales

Pregunta esencial ¿Cómo hallas y cuentas los ángulos de las figuras bidimensionales?

Estándares comunes Geometría—2.G.A.1

PRÁCTICAS MATEMÁTICAS
MP1, MP4, MP7

Escucha y dibuja

Usa una regla. Dibuja dos triángulos diferentes.
Luego dibuja dos rectángulos diferentes.

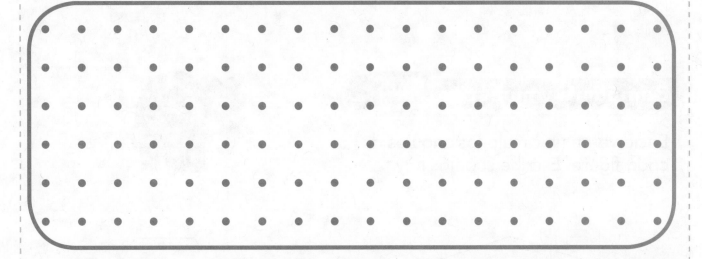

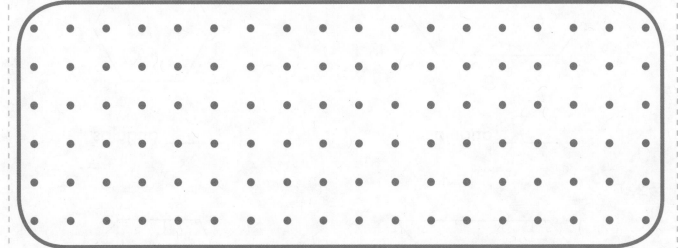

Charla matemática

PRÁCTICAS MATEMÁTICAS

Describe un triángulo y un rectángulo. Habla sobre sus lados y sus vértices.

PARA EL MAESTRO • Pida a los niños que usen lápices y reglas (u otros objetos con bordes rectos) para dibujar las figuras. Pídales que dibujen dos triángulos diferentes en la caja verde y dos rectángulos diferentes en la caja morada.

© Houghton Mifflin Harcourt Publishing Company

Capítulo 11

Cuando dos lados de una figura se unen, forman un **ángulo**.

ángulo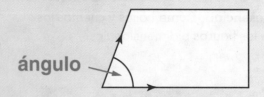

Esta figura tiene 3 ángulos.

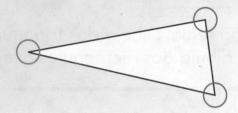

Comparte y muestra MATH BOARD

Encierra en un círculo los ángulos de cada figura. Escribe cuántos hay.

1.

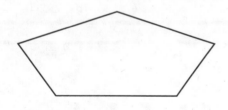

_____ ángulos

2.

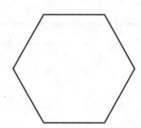

_____ ángulos

3.

_____ ángulos

4.

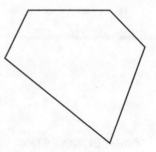

_____ ángulos

730 setecientos treinta

Por tu cuenta

Encierra en un círculo los ángulos de cada figura.
Escribe cuántos hay.

5.

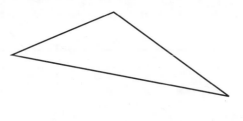

_____ ángulos

6.

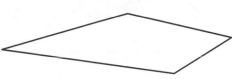

_____ ángulos

7.

_____ ángulos

8.

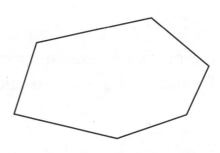

_____ ángulos

9. PIENSA MÁS   Dibuja más lados para formar la figura.
Escribe cuántos ángulos tiene.

pentágono

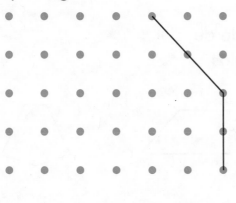

_____ ángulos

cuadrilátero

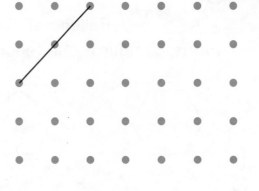

_____ ángulos

Resolución de problemas • Aplicaciones

ESCRIBE ▸ Matemáticas

10. Dibuja dos figuras que tengan 7 ángulos en total.

11. **PRÁCTICA MATEMÁTICA 4** **Usa diagramas** Ben dibujó 3 figuras bidimensionales que tenían 11 ángulos en total. Dibuja las figuras que pudo haber dibujado Ben.

12. **PIENSA MÁS** Rellena el círculo al lado de todas las figuras que tengan 5 ángulos.

  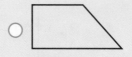 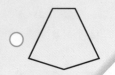

 ACTIVIDAD PARA LA CASA • Pida a su niño que dibuje una figura con 4 lados y 4 ángulos.

Ángulos de figuras bidimensionales

Estándares comunes

ESTÁNDARES COMUNES—2.G.A.1
Razonan usando figuras geométricas y sus atributos.

Encierra en un círculo los ángulos de cada figura. Escribe cuántos ángulos hay.

1.

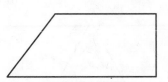

_____ ángulos

2.

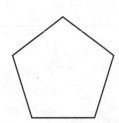

_____ ángulos

Resolución de problemas En el mundo

3. Logan dibujó 2 figuras bidimensionales con un total de 8 ángulos. Dibuja las figuras que Logan podría haber dibujado.

4. ESCRIBE ▸ Matemáticas Dibuja una figura bidimensional con 4 ángulos. Encierra en un círculo los ángulos. Escribe el nombre de la figura bidimensional que dibujaste.

_____

Repaso de la lección (2.G.A.1)

1. ¿Cuántos ángulos tiene esta figura?

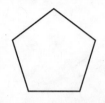

____ ángulos

2. ¿Cuántos ángulos tiene esta figura?

____ ángulos

Repaso en espiral (2.MD.A.1, 2.MD.D.10)

3. Usa una regla en pulgadas. ¿Cuál es la longitud de la cuerda a la pulgada más cercana?

____ pulgadas

4. Observa la pictografía. ¿Cuántos niños eligieron margaritas?

____ niños

Flor favorita					
rosas	☺	☺	☺	☺	
tulipanes	☺	☺	☺		
margaritas	☺	☺	☺	☺	☺
lilas	☺	☺			

Clave: Cada ☺ representa 1 niño.

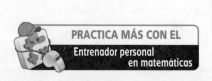

PRACTICA MÁS CON EL
Entrenador personal
en matemáticas

Nombre _____

Clasificar figuras bidimensionales

Pregunta esencial ¿Cómo usas el número de lados y de ángulos para clasificar las figuras bidimensionales?

Estándares comunes Geometría—2.G.A.1

PRÁCTICAS MATEMÁTICAS
MP4, MP6

Escucha y dibuja

Forma la figura con patrones de figuras geométricas.
Dibuja y colorea los patrones que usaste.

Usa un patrón.

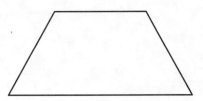

Usa dos patrones.

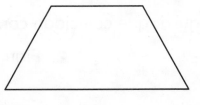

Usa tres patrones.

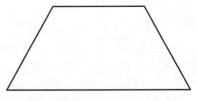

 PARA EL MAESTRO • Diga a los niños que la figura que se muestra tres veces en esta página es un trapecio. Pida a los niños que usen patrones de figuras geométricas para hacer el trapecio tres veces: con un patrón de figura geométrica, con dos patrones de figuras geométricas y con tres patrones de figuras geométricas.

PRÁCTICAS MATEMÁTICAS 6

Describe cómo puedes clasificar los patrones que usaste.

Capítulo 11

¿Qué figuras coinciden con la regla?

Figuras con más de 3 lados

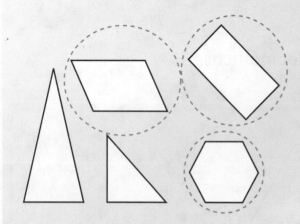

Figuras con menos de 5 ángulos

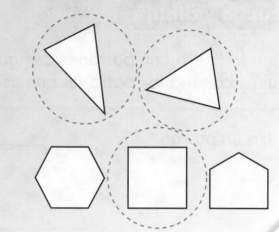

Comparte y muestra

Encierra en un círculo las figuras que coincidan con la regla.

1. Figuras con 5 lados

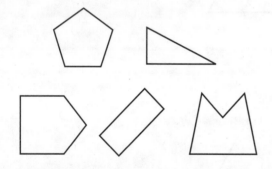

2. Figuras con más de 3 ángulos

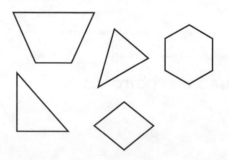

3. Figuras con menos de 4 ángulos

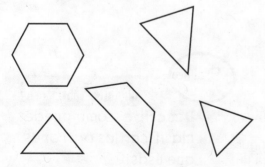

4. Figuras con menos de 5 lados

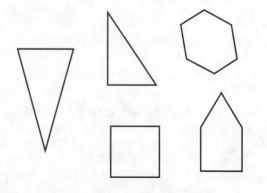

Nombre _____

Encierra en un círculo las figuras que coincidan con la regla.

5. Figuras con 4 lados

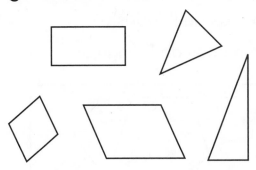

6. Figuras con más de 4 ángulos

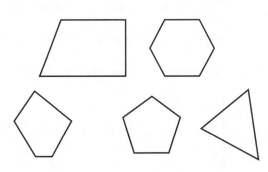

7. Figuras con menos de 4 ángulos

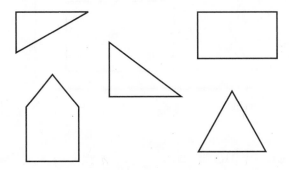

8. Figuras con menos de 5 lados

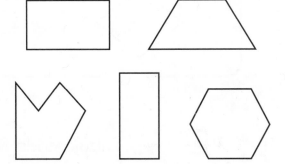

9. PIENSA MÁS Dibuja tres figuras que coincidan con la regla. Enciérralas en un círculo. Luego dibuja dos figuras que no coincidan con la descripción.

Figuras con menos de 5 ángulos

Resolución de problemas • Aplicaciones  ESCRIBE Matemáticas

10. **PRÁCTICA MATEMÁTICA 6** Haz conexiones

Clasifica las figuras.

- Usa rojo para colorear las figuras con más de 4 lados.
- Usa azul para colorear las figuras con menos de 5 ángulos.

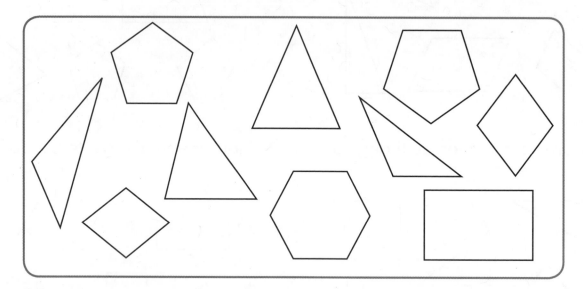

11. **PIENSA MÁS** Dibuja cada figura en el lugar de la tabla que le corresponde.

Figuras con menos de 5 lados	Figuras con más de 4 lados

 ACTIVIDAD PARA LA CASA • Pida a su niño que dibuje algunas figuras que tengan 4 ángulos cada una.

Clasificar figuras bidimensionales

Estándares comunes **ESTÁNDARES COMUNES—2.G.A.1**
Razonan usando figuras geométricas y sus atributos.

Encierra en un círculo las figuras que coincidan con la regla.

1. Figuras con menos de 5 lados

 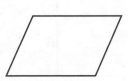

  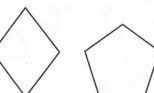

2. Figuras con más de 4 lados

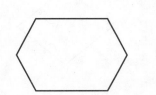

Resolución de problemas *En el mundo*

Encierra en un círculo la figura correcta.

3. Tammy dibujó una figura con más de 3 ángulos. No es un hexágono. ¿Qué figura dibujó Tammy?

4. **ESCRIBE** **Matemáticas** Dibuja tres figuras que coincidan con la regla. Figuras con más de 3 ángulos.

Repaso de la lección (2.G.A.1)

1. ¿Qué figura tiene menos de 4 lados?

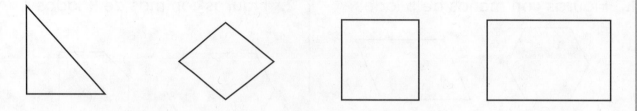

Repaso en espiral (2.MD.A.1, 2.MD.D.10)

2. Usa una regla en pulgadas. ¿Cuál es la longitud del lápiz a la pulgada más cercana?

_____ pulgadas

3. Usa la tabla de conteo. ¿Cuántos niños eligieron básquetbol como su deporte favorito?

_____ niños

Deporte favorito	
Deporte	**Conteo**
fútbol	⦀⦀
básquetbol	⦀⦀ ‖
fútbol americano	‖‖‖‖
béisbol	‖‖‖‖

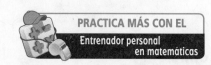

PRACTICA MÁS CON EL
Entrenador personal
en matemáticas

Nombre _____

División de rectángulos

Pregunta esencial ¿Cómo hallas el número total de cuadrados del mismo tamaño que cubren un rectángulo?

Estándares comunes **Geometría—2.G.A.2**
También 2.OA.C.4
PRÁCTICAS MATEMÁTICAS
MP3, MP5, MP8

Escucha y dibuja

Agrupa varias fichas cuadradas de colores. Traza el contorno de la figura para dibujar una figura bidimensional.

Charla matemática
PRÁCTICAS MATEMÁTICAS 3

¿Puede formarse una figura diferente con el mismo número de fichas cuadradas? **Explica.**

NOTA A LA FAMILIA • Después de agrupar las fichas cuadradas, su niño trazó su contorno y dibujó una figura bidimensional. Esta actividad es una introducción para dividir un rectángulo en varios cuadrados del mismo tamaño.

Traza el contorno de las fichas cuadradas de colores.
¿Cuántas fichas cuadradas cubren este rectángulo?

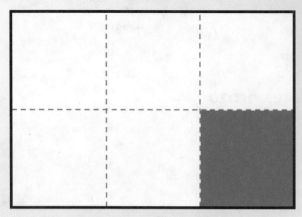

Número de hileras: 2

Número de columnas: 3

Total: _____ fichas cuadradas

Comparte y muestra

Cubre el rectángulo con fichas cuadradas de colores.
Traza el contorno de las fichas cuadradas. Escribe cuántas hay.

1.

Número de hileras: _____

Número de columnas: _____

Total: _____ fichas cuadradas

2.

Número de hileras: _____

Número de columnas: _____

Total: _____ fichas cuadradas

Por tu cuenta

Cubre el rectángulo con fichas cuadradas de colores.
Traza el contorno de las fichas cuadradas. Escribe cuántas hay.

3.

Número de hileras: _____

Número de columnas: _____

Total: _____ fichas cuadradas

4.

Número de hileras: _____

Número de columnas: _____

Total: _____ fichas cuadradas

5. **PIENSA MÁS** Mary comenzó a cubrir este rectángulo con bloques de una unidad. **Explica** cómo estimarías el número de bloques de una unidad que cubrirían todo el rectángulo.

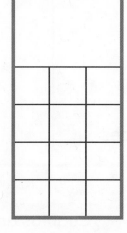

_____

_____

_____

ACTIVIDAD PARA LA CASA • Pida a su niño que describa qué hizo en esta lección.

© Houghton Mifflin Harcourt Publishing Company

Revisión de la mitad del capítulo

Conceptos y destrezas

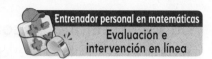
Entrenador personal en matemáticas
Evaluación e intervención en línea

Encierra en un círculo los objetos que coincidan con el nombre de la figura. (2.G.A.1)

1. cilindro				

2. cubo				

Escribe el número de lados y el número de vértices. (2.G.A.1)

3. cuadrilátero

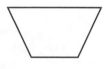

____ lados

____ vértices

4. pentágono

____ lados

____ vértices

5. hexágono

____ lados

____ vértices

6. **PIENSA MÁS** ¿Cuántos ángulos tiene esta figura? (2.G.A.1)

____ ángulos

División de rectángulos

Cubre el rectángulo con fichas cuadradas
de colores. Traza el contorno de las
fichas cuadradas.

**Estándares
comunes**

ESTÁNDARES COMUNES—2.G.A.2
*Razonan usando figuras geométricas y
sus atributos.*

I.

Número de hileras: _____

Número de columnas: _____

Total: _____ fichas cuadradas

2.

Número de hileras: _____

Número de columnas: _____

Total: _____ fichas cuadradas

Resolución de problemas En el mundo

Resuelve. Escribe o dibuja para explicar.

3. Nina quiere poner fichas cuadradas de
colores en un cuadrado. Caben 3 fichas
a lo largo de la parte superior del cuadrado.
¿Cuántas hileras y columnas de cuadrados
necesitará Nina? ¿Cuántas fichas
cuadradas de colores usará en total?

Número de hileras: _____

Número de columnas: _____

Total: _____ fichas cuadradas

4. **ESCRIBE** **Matemáticas** Observa el Ejercicio I de arriba.
¿Hay otro rectángulo diferente que podrías cubrir
con 6 fichas cuadradas de colores? Explica.

Repaso de la lección (2.G.A.2)

I. Gina usa fichas cuadradas de colores para cubrir el rectángulo. ¿Cuántas fichas cuadradas usa?

_____ fichas cuadradas

Repaso en espiral (2.MD.D.10, 2.G.A.1)

2. ¿Cuántas caras tiene un cubo?

_____ caras

3. ¿Cuántos ángulos tiene esta figura?

_____ ángulos

4. Usa la tabla de conteo. ¿Cuántos niños más eligieron arte en lugar de lectura?

_____ niños más

Materia favorita	
Materia	**Conteo**
lectura	卌 ⅠⅠⅠ
matemáticas	卌 ⅠⅠⅠⅠ
ciencias	卌
arte	卌 卌

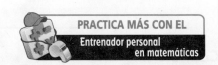

PRACTICA MÁS CON EL
Entrenador personal
en matemáticas

Nombre _____

Partes iguales

Pregunta esencial ¿Qué son las mitades, los tercios
y los cuartos de un entero?

Estándares comunes · **Geometría—2.G.A.3**
PRÁCTICAS MATEMÁTICAS
MP3, MP6, MP8

Escucha y dibuja

Agrupa patrones de figuras geométricas para que
coincidan con la figura de un hexágono. Traza la figura
que formaste.

PARA EL MAESTRO • Pida a los niños que
coloquen un patrón de figura geométrica de un
hexágono amarillo en el espacio de arriba y formen
la misma figura usando cualquier combinación de
patrones de figuras geométricas. Comente cómo
saben si el contorno de los patrones que usaron es
el mismo que el del hexágono amarillo.

PRÁCTICAS MATEMÁTICAS 3

Compara modelos Describe en
qué se diferencian las figuras
que usaste y las figuras que usó
un compañero.

Capítulo II

El rectángulo verde es el entero.
Puede dividirse en partes iguales.

Hay 2 **medios**. Cada parte es una mitad.

Hay 3 **tercios**. Cada parte es un tercio.

Hay 4 **cuartos**. Cada parte es un cuarto.

Comparte y muestra MATH BOARD

Escribe cuántas partes iguales hay en el entero.
Escribe **medios**, **tercios** o **cuartos** para nombrar
las partes iguales.

1.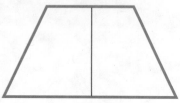

_____ partes iguales

_____

2.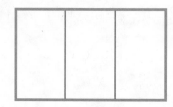

_____ partes iguales

_____

3.

_____ partes iguales

_____

4.

_____ partes iguales

_____

5.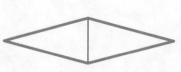

_____ partes iguales

_____

6.

_____ partes iguales

_____

Escribe cuántas partes iguales hay en el entero.
Escribe **medios**, **tercios** o **cuartos** para nombrar las partes iguales.

7.

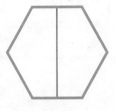

_____ partes iguales

_____

8.

_____ partes iguales

_____

9.

_____ partes iguales

_____

10.

_____ partes iguales

_____

11.

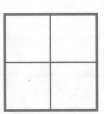

_____ partes iguales

_____

12.

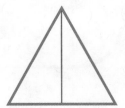

_____ partes iguales

_____

13. PIENSA MÁS Haz un dibujo que
muestre medios. Explica cómo sabes
que las partes son medios.

_____

_____

_____

Resolución de problemas • Aplicaciones En el mundo

 ESCRIBE ▸ Matemáticas

14. **PRÁCTICA MATEMÁTICA** ⑥ **Haz conexiones** Clasifica las figuras.

- Dibuja una X sobre las figuras que **no** muestran partes iguales.

- Usa rojo para colorear las figuras que muestran tercios.

- Usa azul para colorear las figuras que muestran cuartos.

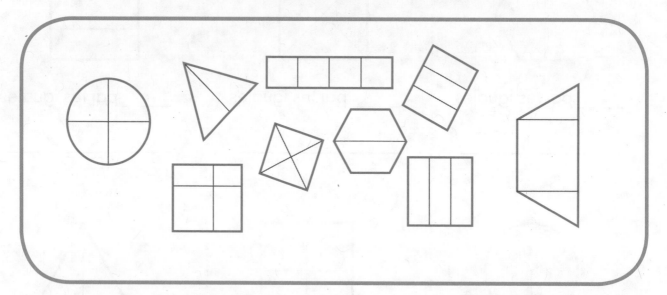

15. **PIENSA MÁS +** Traza líneas para mostrar cuartos de tres formas diferentes.

Explica cómo sabes que las partes son cuartos.

_____

_____

 ACTIVIDAD PARA LA CASA • Pida a su niño que pliegue una hoja de papel en medios y otra hoja de papel en cuartos.

Partes iguales

ESTÁNDARES COMUNES—2.G.A.3
Razonan usando figuras geométricas y sus atributos.

Estándares comunes

**Escribe cuántas partes iguales hay en el entero.
Escribe medios, tercios o cuartos para nombrar
las partes iguales.**

1.

_____ partes iguales

_____

2.

_____ partes iguales

_____

3.

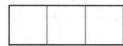

_____ partes iguales

_____

Resolución de problemas · En el mundo

4. Clasifica las figuras.

- Dibuja una X sobre las figuras que no muestran partes iguales.

- Encierra en un círculo las figuras que muestran mitades.

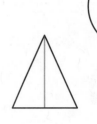
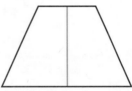

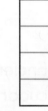

5. **ESCRIBE** **Matemáticas** Observa las figuras del Ejercicio 4. Describe las figuras sobre las que no dibujaste una X o encerraste en un círculo.

_____

_____

_____

Repaso de la lección (2.G.A.3)

1. ¿Cómo se llaman las 3 partes iguales de la figura?

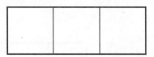

_____

2. ¿Cómo se llaman las 4 partes iguales de la figura?

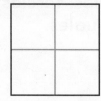

_____

Repaso en espiral (2.NBT.B.5, 2.G.A.1)

3. ¿Cuál es la suma?

$$\begin{array}{r} 87 \\ + 45 \\ \hline \end{array}$$

4. ¿Cuál es la diferencia?

$$\begin{array}{r} 59 \\ - 15 \\ \hline \end{array}$$

5. Encierra en un círculo el cuadrilátero.

6. Encierra en un círculo el hexágono.

PRACTICA MÁS CON EL
Entrenador personal en matemáticas

Nombre _____

Mostrar partes iguales de un entero

Pregunta esencial ¿Cómo sabes si una figura muestra medios, tercios o cuartos?

Estándares comunes · Geometría—2.G.A.3

PRÁCTICAS MATEMÁTICAS
MP5, MP6

Escucha y dibuja

Encierra en un círculo las figuras que muestran partes iguales.

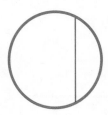
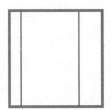
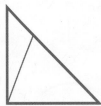
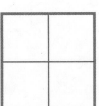
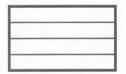

NOTA A LA FAMILIA • Su niño completó esta actividad de clasificación con figuras para repasar el concepto de partes iguales.

Charla matemática

PRÁCTICAS MATEMÁTICAS 6

¿El triángulo muestra medios? **Explica.**

Puedes hacer un dibujo para mostrar las partes iguales de un entero.

medios 2 partes iguales	tercios 3 partes iguales	cuartos 4 partes iguales
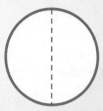	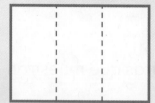	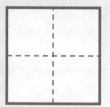
Hay 2 medios en un entero.	Hay 3 tercios en un entero.	Hay 4 cuartos en un entero.

Comparte y muestra MATH BOARD

Haz un dibujo para mostrar partes iguales.

I. tercios

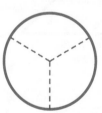

2. medios

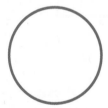

3. cuartos

4. medios

✓5. cuartos

✓6. tercios

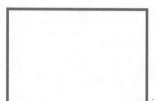

Nombre _____

Haz un dibujo para mostrar partes iguales.

7. medios

8. cuartos

9. tercios

10. tercios

11. medios

12. cuartos

13. medios

14. tercios

15. cuartos

16. ¿Esta figura muestra tercios?
Explica.

_____

_____

_____

_____

Capítulo 11 • Lección 9

setecientos cincuenta y cinco **755**

Resolución de problemas • Aplicaciones En el mundo

 ESCRIBE ▸ Matemáticas

17. Colton y tres amigos quieren compartir una *pizza* de forma equitativa. Haz un dibujo que muestre cómo se debería dividir la *pizza*.

Matemáticas al instante

18. MÁS AL DETALLE Hay dos *pizzas* cuadradas. Cada *pizza* se corta en cuartos. ¿Cuántos trozos de *pizza* hay en total?

_____ trozos

19. PIENSA MÁS Rellena el círculo al lado de las figuras que muestran tercios. Explica tu respuesta.

○  ○  ○  ○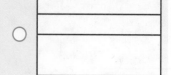

_____

_____

 ACTIVIDAD PARA LA CASA • Pida a su niño que describa cómo mostrar partes iguales de una figura.

Mostrar partes iguales de un entero

Estándares comunes
ESTÁNDARES COMUNES—2.G.A.3
Razonan usando figuras geométricas y sus atributos.

Haz un dibujo que muestre partes iguales.

1. medios

2. cuartos

3. tercios

4. tercios

5. medios

6. cuartos

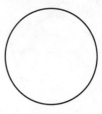

Resolución de problemas

Resuelve. Escribe o dibuja para explicar.

7. Joe tiene un sándwich. Corta el sándwich en cuartos. ¿Cuántos trozos de sándwich tiene?

_____ trozos

8. **ESCRIBE Matemáticas** Dibuja tres triángulos. Luego dibuja para mostrar mitades, tercios y cuartos. Escribe sobre cada uno de los enteros que dibujaste.

_____

Repaso de la lección (2.G.A.3)

I. ¿Qué figura está dividida en cuartos?

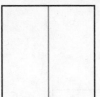 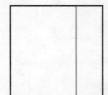 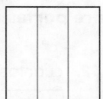 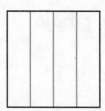

Repaso en espiral (2.MD.A.4, 2.G.A.1)

2. ¿Cuántos ángulos tiene esta figura?

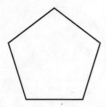

_____ ángulos

3. ¿Cuántas caras tiene este prisma rectangular?

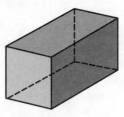

_____ caras

4. Usa una regla en centímetros. Mide la longitud de cada objeto. ¿Cuánto más larga es la cinta que la cuerda?

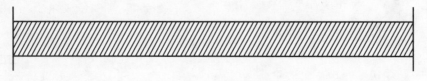

_____ centímetros más larga

PRACTICA MÁS CON EL
Entrenador personal en matemáticas

Nombre _____

Describir partes iguales

Pregunta esencial ¿Cómo hallas la mitad, un tercio o un cuarto de un entero?

Estándares comunes Geometría—2.G.A.3

PRÁCTICAS MATEMÁTICAS
MP3, MP4, MP6

Escucha y dibuja

Halla figuras que muestren cuartos y coloréalas con verde.
Halla figuras que muestren medios y coloréalas con rojo.

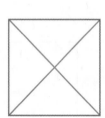

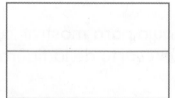

Charla matemática

PRÁCTICAS MATEMÁTICAS 3

Describe las diferencias entre los tercios de las figuras sin colorear.

NOTA A LA FAMILIA • Su niño identificó el número de partes iguales de las figuras para repasar la descripción de las partes iguales de un entero.

Estas son algunas maneras de mostrar y describir una de las partes iguales de un entero.

Cada una de las 4 partes iguales es un **cuarto de** esa figura.

2 partes iguales	3 partes iguales	4 partes iguales
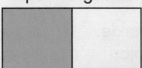		

Una **mitad de** la figura es verde.

Un **tercio** de la figura es verde.

Un **cuarto de** la figura es verde.

Comparte y muestra [MATH BOARD]

Haz un dibujo para mostrar tercios.
Colorea un tercio de la figura.

1.

2.

☑3.

Haz un dibujo para mostrar cuartos.
Colorea un cuarto de la figura.

4.

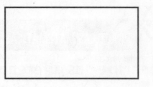

5.

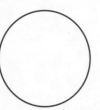

☑6.

Nombre _____

Haz un dibujo para mostrar medios.
Colorea la mitad de la figura.

7.

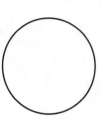

8.

9.

Haz un dibujo para mostrar tercios.
Colorea un tercio de la figura.

10.

11.

12.

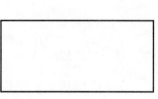

Haz un dibujo para mostrar cuartos.
Colorea un cuarto de la figura.

13.

14.

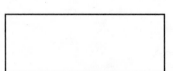

15.

Resolución de problemas • Aplicaciones En el mundo

 ESCRIBE ▸ Matemáticas

16. PIENSA MÁS Hay dos carteles del mismo tamaño. Un tercio de un cartel es rojo y un cuarto del otro cartel es azul.

¿Es más grande la parte roja o la parte azul? Dibuja y escribe para explicar.

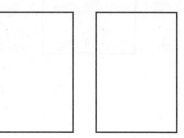

_____

_____

_____

_____

17. PIENSA MÁS Haz un dibujo para mostrar medios, tercios y cuartos. Colorea la mitad, un tercio o un cuarto de la figura.

 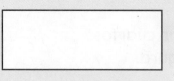 

 ACTIVIDAD PARA LA CASA • Dibuje un cuadrado. Pida a su niño que dibuje para mostrar tercios y que coloree un tercio del cuadrado.

Describir partes iguales

Estándares comunes

ESTÁNDARES COMUNES—2.G.A.3
Razonan usando figuras geométricas y sus atributos.

Haz un dibujo que muestre medios.
Colorea un medio de la figura.

1.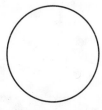

2.

Haz un dibujo que muestre tercios.
Colorea un tercio de la figura.

3.

4.

Resolución de problemas

5. Encierra en un círculo todas las figuras que tengan un tercio sombreado.

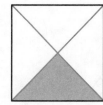 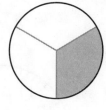 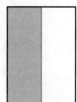 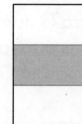 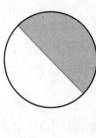

6. ESCRIBE) Matemáticas Haz dibujos para mostrar un tercio de un entero y un cuarto de un entero. Rotula los dibujos.

Repaso de la lección (2.G.A.3)

I. ¿Cuál de estas figuras tiene un medio de la figura sombreada?

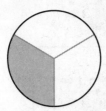 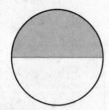 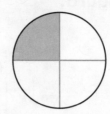 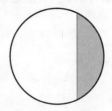

Repaso en espiral (2.MD.A.1, 2.MD.C.7, 2.G.A.1)

2. ¿Cuál es el nombre de esta figura?

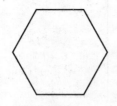

_____

3. Usa una regla en centímetros. ¿Cuál es la longitud de la cuerda al centímetro más cercano?

_____ centímetros

---

4. El reloj muestra la hora a la que Chris terminó su tarea. ¿A qué hora terminó Chris su tarea?

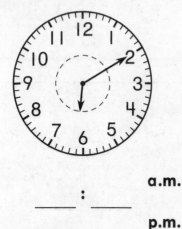

____ : ____

a.m.

p.m.

5. ¿Qué hora muestra este reloj?

____ : ____

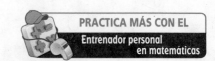

PRACTICA MÁS CON EL
Entrenador personal
en matemáticas

Nombre _____

Resolución de problemas • Partes iguales

Pregunta esencial ¿Cómo ayuda un diagrama a resolver problemas de partes iguales?

Estándares comunes **Geometría—2.G.A.3**

PRÁCTICAS MATEMÁTICAS
MP1, MP4, MP6

Hay dos sándwiches del mismo tamaño. Cada sándwich está dividido en cuartos, pero están cortados de manera diferente. ¿Cómo pueden cortarse los dos sándwiches?

🔑 Soluciona el problema En el mundo

¿Qué debo hallar?

cómo pueden cortarse

los sándwiches

¿Qué información debo usar?

Hay _____ sándwiches.
Cada sándwich está dividido

en _____.

Muestra cómo resolver el problema.

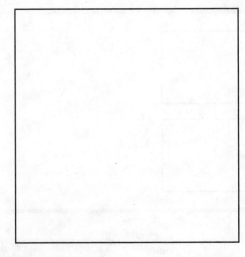

NOTA A LA FAMILIA • Su niño hizo un diagrama para representar y resolver un problema sobre la división de un entero de diferentes maneras para mostrar partes iguales.

© Houghton Mifflin Harcourt Publishing Company • Image Credits: ©Spasibo/Shutterstock

Haz un dibujo para mostrar tu respuesta.

• ¿Qué debo hallar?
• ¿Qué información debo usar?

I. Marquis tiene dos hojas de papel cuadradas del mismo tamaño. Quiere cortar cada hoja en mitades. ¿De qué dos maneras puede cortar las hojas de papel?

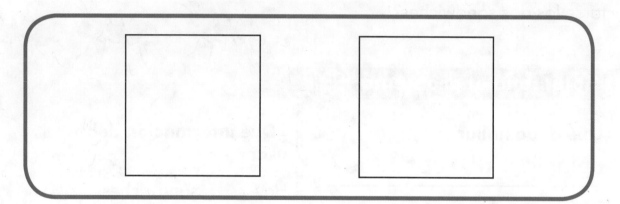

2. Shanice tiene dos piezas de tela del mismo tamaño. Tiene que dividir cada pieza en tercios. ¿De qué dos maneras diferentes puede dividir las piezas de tela?

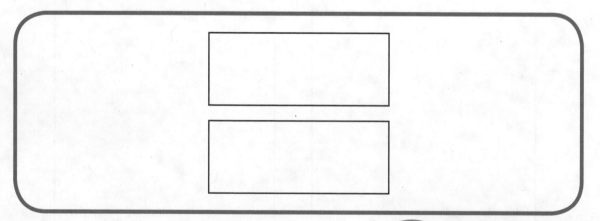

Charla matemática

PRÁCTICAS MATEMÁTICAS

En el Problema 2, **explica** en qué se parecen y en qué se diferencian los tercios de las dos piezas de tela.

Nombre _____

Haz un dibujo para mostrar tu respuesta.

3. Brandon tiene dos tostadas del mismo tamaño. ¿De qué dos maneras diferentes puede dividir las tostadas en mitades?

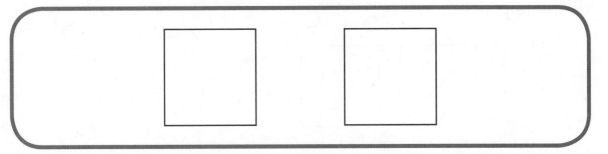

4. El Sr. Rivera tiene dos bandejas pequeñas de pasta del mismo tamaño. ¿De qué dos maneras diferentes puede cortar la pasta en cuartos?

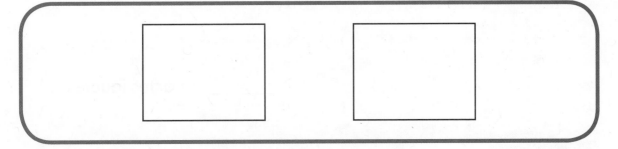

5. *PIENSA MÁS* Erin tiene dos cintas del mismo tamaño. ¿De qué dos maneras diferentes puede dividir las cintas en tercios?

Resolución de problemas • Aplicaciones

Resuelve. Escribe o dibuja para explicar.

6. **PRÁCTICA MATEMÁTICA** ④ **Usa diagramas** David necesita dividir dos hojas de papel en el mismo número de partes iguales. Observa la división de la primera hoja. Muestra cómo dividir la segunda hoja de una forma diferente.

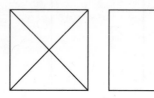

7. **MÁS AL DETALLE** La Sra. López corta dos sándwiches en mitades. ¿Cuántas partes iguales tiene?

_____ partes iguales

8. **PIENSA MÁS** Emma quiere cortar una hoja de papel en cuartos. Rellena el círculo al lado de todas las formas en que podría cortar el papel.

 ACTIVIDAD PARA LA CASA • Pida a su niño que dibuje dos rectángulos y muestre dos formas diferentes de dividirlos en cuartos.

Resolución de problemas • Partes iguales

Estándares comunes

ESTÁNDARES COMUNES—2.G.A.3
Razonan usando figuras geométricas y sus atributos.

Haz un dibujo que muestre tu respuesta.

1. Max tiene pizzas cuadradas del mismo tamaño. ¿De qué dos maneras puede dividir las pizzas en cuartos?

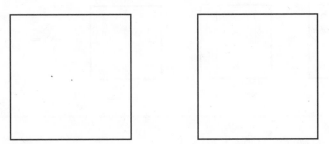

2. Dana tiene dos hojas de papel del mismo tamaño. ¿De qué dos maneras puede dividir las hojas en mitades?

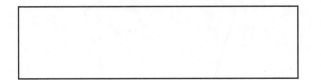

3. **ESCRIBE** Matemáticas Dibuja o escribe para explicar cómo puedes dividir un rectángulo en tercios de dos maneras diferentes.

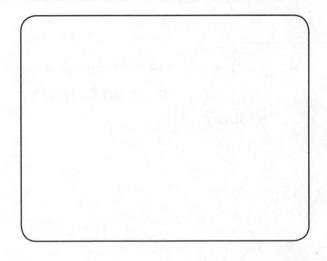

_____

Repaso de la lección (2.G.A.3)

1. Bree corta un cartón en tercios así.

¿Qué opción muestra otra manera de cortar el cartón en tercios?

Repaso en espiral (2.MD.C.7, 2.MD.A.3, 2.G.A.1)

2. ¿Qué figura tiene 3 partes iguales?

3. ¿Cuántos ángulos tiene esta figura?

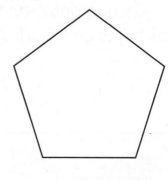

_____ ángulos

4. ¿Cuál es la mejor estimación de la longitud de un bate de béisbol?

_____ pies

5. ¿De qué otra manera se puede escribir 10 minutos después de las 9?

_____ : _____

PRACTICA MÁS CON EL
Entrenador personal
en matemáticas

✓ Repaso y prueba del Capítulo 11

1. Empareja las figuras.

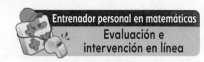

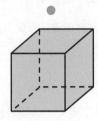
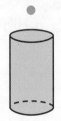
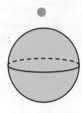

---

2. ¿Describen los enunciados un cubo?
Elige Sí o No.

Un cubo tiene 4 caras.	○ Sí	○ No
Un cubo tiene 8 vértices.	○ Sí	○ No
Un cubo tiene 14 aristas.	○ Sí	○ No
Cada cara de un cubo es un cuadrado.	○ Sí	○ No

Reescribe los enunciados con errores para que sean
verdaderos.

_____

_____

3. Traza líneas para mostrar tercios.

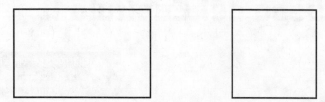

Explica cómo sabes que las partes son tercios.

_____

_____

4. Will y Ana tienen jardines del mismo tamaño. Dividen sus jardines en cuartos. ¿De qué dos formas diferentes pueden dividir sus jardines? Haz un dibujo para mostrar tu respuesta.

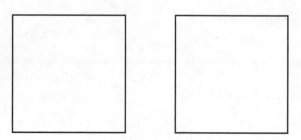

5. Dibuja para mostrar medios, tercios y cuartos. Colorea la mitad, un tercio y un cuarto.

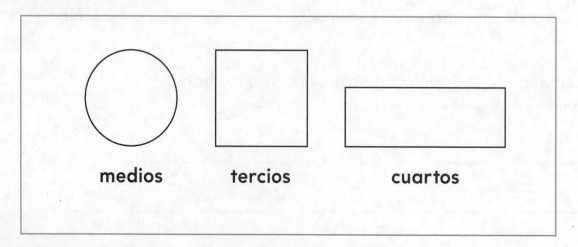

medios   tercios   cuartos

6. Max quiere cubrir el rectángulo con fichas cuadradas azules. Explica cómo estimarías el número de fichas cuadradas azules que necesitaría para cubrir el rectángulo.

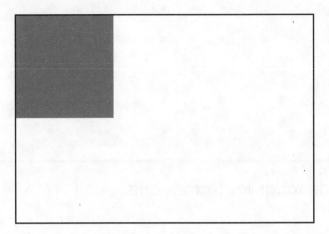

_____

_____

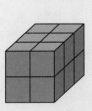Entrenador personal en matemáticas

7. **PIENSA MÁS** Jenna construyó este prisma rectangular. Encierra en un círculo el número de cubos de una unidad que usó Jenna.

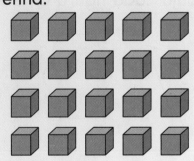

8. Rachel forma un pentágono y un cuadrilátero con palillos de dientes. Utiliza un palillo de dientes para cada lado de la figura. ¿Cuántos palillos de dientes necesita Rachel?

_____ palillos de dientes

9. Kevin dibujó 2 figuras bidimensionales que tienen 9 ángulos en total. Dibuja las formas que podría haber dibujado Kevin.

---

10. Rellena el círculo al lado de todas las formas que muestran cuartos.

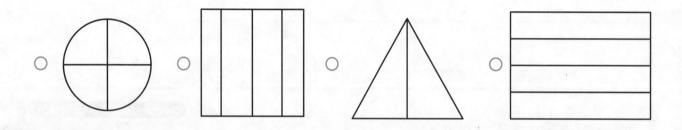

---

11. MÁS AL DETALLE Dibuja cada figura en el lugar de la tabla que le corresponde.

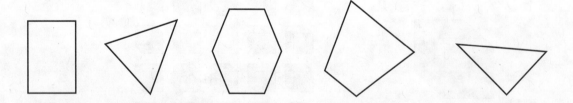

Figuras con menos de 4 ángulos	Figuras con más de 3 ángulos

Glosario ilustrado

a. m. A.M.

Las horas después de medianoche y antes del mediodía se escriben con **a. m.**
Las 11:00 a. m. es una hora de la mañana.

ángulo angle

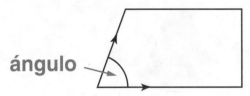

ángulo

arista edge

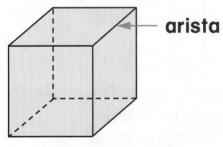

arista

Una **arista** se forma cuando dos caras de una figura tridimensional se unen.

cara face

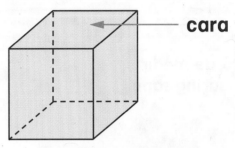

cara

Cada superficie plana de este cubo es una **cara**.

centena hundred

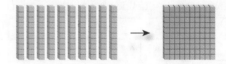

Hay 10 decenas en 1 **centena**.

centímetro centimeter

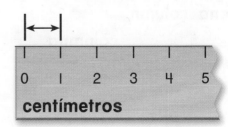

centímetros

cilindro cylinder

---

cinta de medir
measuring tape

---

clave key

Número de partidos de fútbol						
Marzo	⚽	⚽	⚽	⚽		
Abril	⚽	⚽	⚽			
Mayo	⚽	⚽	⚽	⚽	⚽	⚽
Junio	⚽	⚽	⚽	⚽	⚽	⚽

Clave: Cada ⚽ representa 1 partido.

La **clave** indica la cantidad que representa cada dibujo.

---

columna column

columna

$$3\ \boxed{3}$$
$$3\ \boxed{4}$$
$$+3\ \boxed{2}$$

---

comparar compare

Compare la longitud del lápiz y el crayón.

El lápiz es más largo que el crayón.

El crayón es más corto que el lápiz.

---

cono cone

---

cuadrilátero quadrilateral

Una figura bidimensional con 4 lados es un **cuadrilátero**.

---

cuarta parte de quarter of

Una **cuarta parte de** la figura es verde.

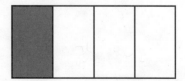

cuarto de fourth of

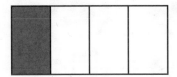

Un **cuarto de** la figura
es verde.

cuartos fourths

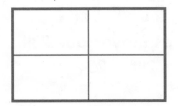

Esta figura tiene
4 partes iguales.
Estas partes iguales se
llaman **cuartos**.

cubo cube

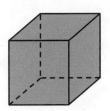

datos data

Comida favorita	
Comida	Conteo
pizza	IIII
sándwich	IIIII I
ensalada	III
pasta	IIIII

La información de esta
tabla se llama **datos**.

decena ten

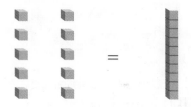

10 unidades = 1 decena

diagrama de puntos line plot

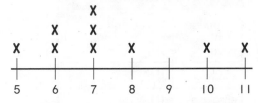

Longitud de los pinceles en pulgadas

diferencia difference

$$9 - 2 = 7$$

diferencia

dígito digit

0, 1, 2, 3, 4, 5, 6, 7, 8 y 9
son **dígitos**.

---

dobles doubles

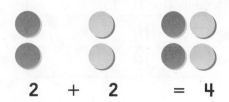

2 + 2 = 4

---

dólar dollar

Un **dólar** tiene el valor de
100 centavos.

---

encuesta survey

Comida favorita	
Comida	Conteo
pizza	IIII
sándwich	⊬⊬ I
ensalada	III
pasta	⊬⊬

La **encuesta** es una serie
de datos reunidos a partir
de las respuestas a una
pregunta.

es igual a (=) is equal to

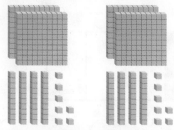

247 **es igual a** 247.

247 = 247

---

es mayor que (>) is greater
than

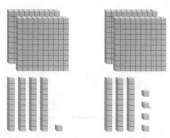

241 **es mayor que** 234.

241 > 234

---

es menor que (<) is less than

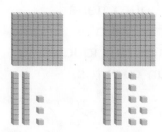

123 **es menor que** 128.

123 < 128

esfera sphere

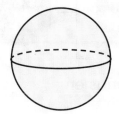

---

estimación estimate

Una **estimación** es una cantidad que indica aproximadamente cuántos hay.

---

gráfica de barras bar graph

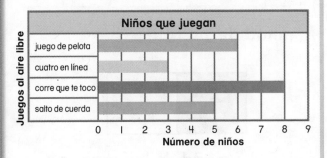

hexágono hexagon

El **hexágono** es una figura bidimensional de 6 lados.

---

hora hour

Hay 60 minutos en 1 **hora**.

---

impar odd

1, 3, 5, 7, 9, 11, . . .

números impares

---

lado side

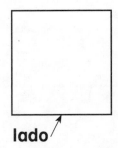

lado

Esta figura tiene 4 **lados**.

más (+) plus

2	más	1	es igual a	3
2	+	1	=	3

medianoche midnight

La **medianoche** es a las 12:00 de la noche.

mediodía noon

El **mediodía** es a las 12:00 del día.

metro meter

1 **metro** tiene la misma longitud que 100 centímetros.

millar thousand

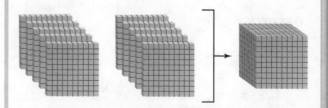

Hay 10 centenas en 1 **millar**.

minuto minute

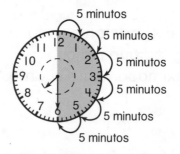

En media hora hay 30 **minutos**.

mitad de half of

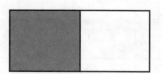

La **mitad de** la figura es verde.

mitades halves

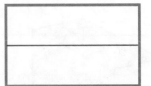

Esta figura tiene 2 partes iguales.
Estas partes iguales se llaman **mitades**.

moneda de 1¢ penny

Esta moneda vale un centavo o **1¢**.

moneda de 5¢ nickel

Esta moneda vale cinco centavos o **5¢**.

moneda de 10¢ dime

Esta moneda vale diez centavos o **10¢**.

moneda de 25¢ quarter

Esta moneda vale veinticinco centavos o **25¢**.

p. m. P.M.

Las horas después del mediodía y antes de la medianoche se escriben con **p. m.**
Las 11:00 p. m. es una hora de la noche.

par even

2, 4, 6, 8, 10, . . .

> números pares

pentágono pentagon

El **pentágono** es una figura bidimensional de 5 lados.

pictografía picture graph

Número de partidos de fútbol						
Marzo	⚽	⚽	⚽	⚽		
Abril	⚽	⚽	⚽			
Mayo	⚽	⚽	⚽	⚽	⚽	
Junio	⚽	⚽	⚽	⚽	⚽	⚽	⚽

Clave: Cada ⚽ representa I partido.

pie foot

I **pie** tiene la misma longitud que 12 pulgadas.

prisma rectangular
rectangular prism

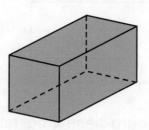

pulgada inch

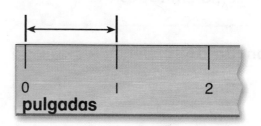

punto decimal decimal point

$1.00
↑
punto decimal

reagrupar regroup

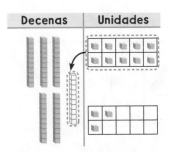

Decenas	Unidades

Puedes cambiar 10 unidades por 1 decena para **reagrupar**.

---

regla de 1 yarda yardstick

La **regla de 1 yarda** es un instrumento de medida que muestra 3 pies.

---

símbolo de centavo cent sign

53¢

↑

símbolo de centavo

símbolo de dólar dollar sign

$1.00

↑

símbolo de dólar

---

suma sum

9 + 6 = 15

↗

suma

---

sumando addend

5 + 8 = 13

↖ ↗

sumandos

un tercio de third of

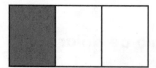

Un tercio de la figura es verde.

unidades ones

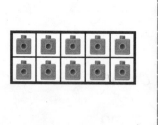

10 unidades = I decena

tercios thirds

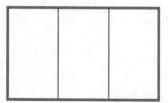

Esta figura tiene 3 partes iguales.
Estas partes iguales se llaman **tercios**.

vértice vertex

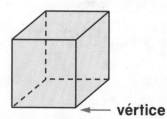

← **vértice**

El punto de una esquina de una figura tridimensional es un **vértice**.

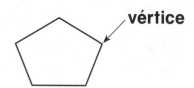

vértice

Esta figura tiene 5 **vértices**.

y cuarto quarter past

8:15

15 minutos después de las 8:00.
8 **y cuarto**.

Correlaciones

Estándares que aprenderás

Prácticas matemáticas		Ejemplos:
MP1	Entienden problemas y perseveran en resolverlos.	Lecciones 1.3, 1.5, 2.2, 3.2, 3.3, 4.7,4.9, 4.11, 5.9, 5.10, 5.11, 6.7, 7.7,8.5, 9.4, 10.1, 10.2, 10.3, 10.4, 10.6, 11.5
MP2	Razonan de manera abstracta y cuantitativa.	Lecciones 1.2, 2.6, 2.11, 2.12, 3.5, 3.9, 4.9, 4.10, 5.5, 5.9, 5.10, 5.11, 6.1, 8.1, 8.4, 8.5, 8.6, 9.4, 9.7, 10.2, 10.4
MP3	Construyen argumentos viables y critican el razonamiento de los demás.	Lecciones 1.1, 2.5, 2.8, 2.11, 4.6, 5.6, 5.10, 6.8, 8.8, 9.3, 10.5, 10.6
MP4	Realizan modelos matemáticos.	Lecciones 1.4, 1.7, 2.3, 2.11, 3.8, 3.9, 3.11, 4.1, 4.2, 4.5, 4.9, 4.11, 5.4, 5.9, 5.10, 5.11, 6.6, 7.3, 7.4, 7.5, 7.6, 7.7, 8.5, 8.9, 9.4, 10.1, 10.3, 10.5, 10.6, 11.3, 11.4, 11.5, 11.6, 11.10, 11.11
MP5	Utilizan estratégicamente los instrumentos apropiados.	Lecciones 3.7, 3.10, 4.4, 5.1, 5.2, 5.3, 5.8, 6.1, 8.1, 8.2, 8.4, 8.6, 8.8, 8.9, 9.1, 9.3, 9.5, 11.2, 11.7, 11.9
MP6	Ponen atención a la precisión.	Lecciones 1.3, 1.5, 1.6, 2.1, 2.5, 2.7, 2.12, 3.5, 3.11, 4.1, 4.2, 4.3, 4.6, 4.8, 4.10, 4.12, 5.5, 5.7, 6.1, 6.2, 6.3, 6.4, 6.5, 6.7, 6.9, 6.10, 7.2, 7.3, 7.8, 7.9, 7.10, 7.11, 8.1, 8.2, 8.3, 8.4, 8.6, 8.7, 8.9, 9.1, 9.2, 9.3, 9.6, 9.7, 10.1, 10.2, 10.3, 10.4, 10.5, 11.1, 11.2, 11.6, 11.8, 11.9, 11.10, 11.11
MP7	Buscan y utilizan estructuras.	Lecciones 1.1, 1.2, 1.6, 1.7, 1.8, 1.9, 2.1, 2.2, 2.3, 2.4, 2.5, 2.6, 2.7, 2.8, 2.9, 2.10, 3.1, 3.2, 3.3, 3.7, 3.10, 4.4, 4.7, 4.8, 5.3, 5.6, 5.7, 7.1, 7.5, 7.6, 7.11, 8.3, 8.7, 9.2, 9.5, 9.6, 11.4, 11.5

Estándares que aprenderás

Prácticas matemáticas		Ejemplos:
MP8	Buscan y expresan regularidad en razonamientos repetitivos.	Lecciones 1.2, 1.6, 2.1, 2.2, 2.4, 2.12, 3.2, 3.3, 3.4, 3.5, 3.7, 4.3, 4.11, 4.12, 5.5, 5.8, 6.2, 6.3, 6.4, 6.5, 6.7, 6.8, 6.9, 6.10, 7.2, 7.3, 7.4, 7.8, 7.9, 7.10, 8.1, 8.8, 9.1, 11.7, 11.8

Área: Operaciones y pensamiento algebraico		Lecciones de la edición del estudiante
Representan y resuelven problemas relacionados a la de suma y a la resta.		
2.OA.A.1	Usan la suma y la resta hasta el número 100 para resolver problemas verbales de uno y dos pasos relacionados a situaciones en las cuales tienen que sumar, restar, unir, separar, y comparar, con valores desconocidos en todas las posiciones, por ejemplo, al representar el problema a través del uso de dibujos y ecuaciones con un símbolo para el número desconocido.	Lecciones 3.8, 3.9, 4.9, 4.10, 5.9, 5.10, 5.11
Suman y restan hasta el número 20.		
2.OA.B.2	Suman y restan con fluidez hasta el número 20 usando estrategias mentales. Al final del segundo grado, saben de memoria todas las sumas de dos números de un solo dígito.	Lecciones 3.1, 3.2, 3.3, 3.4, 3.5, 3.6, 3.7
Trabajan con grupos de objetos equivalentes para establecer los fundamentos para la multiplicación.		
2.OA.C.3	Determinan si un grupo de objetos (hasta 20) tiene un número par o impar de miembros, por ejemplo, al emparejar objetos o al contar de dos en dos; escriben ecuaciones para expresar un número par como el resultado de una suma de dos sumandos iguales.	Lecciones 1.1, 1.2
2.OA.C.4	Utilizan la suma para encontrar el número total de objetos colocados en forma rectangular con hasta 5 hileras y hasta 5 columnas; escriben una ecuación para expresar el total como la suma de sumandos iguales.	Lecciones 3.10, 3.11

Estándares que aprenderás

Área: Números y operaciones en base diez	
Comprenden el valor posicional.	
2.NBT.A.1 Comprenden que los tres dígitos de un número de tres dígitos representan cantidades de centenas, decenas y unidades; por ejemplo, 706 es igual a 7 centenas, 0 decenas y 6 unidades. Comprenden los siguientes casos especiales:	Lecciones 2.2, 2.3, 2.4, 2.5
a. 100 puede considerarse como un conjunto de diez decenas – llamado "centena".	Lección 2.1
b. Los números 100, 200, 300, 400, 500, 600, 700, 800, 900 se refieren a una, dos, tres, cuatro, cinco, seis, siete, ocho o nueve centenas (y 0 decenas y 0 unidades).	Lección 2.1
2.NBT.A.2 Cuentan hasta 1000; cuentan de 2 en 2, de 5 en 5, de 10 en 10, y de 100 en 100.	Lecciones 1.8, 1.9
2.NBT.A.3 Leen y escriben números hasta 1000 usando numerales en base diez, los nombres de los números, y en forma desarrollada.	Lecciones 1.3, 1.4, 1.5. 1.6, 1.7, 2.4, 2.6, 2.7, 2.8
2.NBT.A.4 Comparan dos números de tres dígitos basándose en el significado de los dígitos de las centenas, decenas y las unidades usando los símbolos >, =, y < para anotar los resultados de las comparaciones.	Lecciones 2.11, 2.12
Utilizan el valor posicional y las propiedades de las operaciones para sumar y restar.	
2.NBT.B.5 Suman y restan hasta 100 con fluidez usando estrategias basadas en el valor posicional, las propiedades de las operaciones, y/o la relación entre la suma y la resta.	Lecciones 4.1, 4.2, 4.3, 4.4, 4.5, 4.6, 4.7, 4.8, 5.1, 5.2, 5.3, 5.4, 5.5, 5.6, 5.7, 5.8
2.NBT.B.6 Suman hasta cuatro números de dos dígitos usando estrategias basadas en el valor posicional y las propiedades de las operaciones.	Lecciones 4.11, 4.12

Área: Números y operaciones en base diez

Utilizan el valor posicional y las propiedades de las operaciones para sumar y restar.

2.NBT.B.7	Suman y restan hasta 1,000, usando modelos concretos o dibujos y estrategias basadas en el valor posicional, las propiedades de las operaciones, y/o la relación entre la suma y la resta; relacionan la estrategia con un método escrito. Comprenden que al sumar o restar números de tres dígitos, se suman o restan centenas y centenas, decenas y decenas, unidades y unidades; y a veces es necesario componer y descomponer las decenas o las centenas.	Lecciones 6.1, 6.2, 6.3, 6.4, 6.5, 6.6, 6.7, 6.8, 6.9, 6.10
2.NBT.B.8	Suman mentalmente 10 o 100 a un número dado del 100–900, y restan mentalmente 10 o 100 de un número dado entre 100–900.	Lecciones 2.9, 2.10
2.NBT.B.9	Explican porqué las estrategias de suma y resta funcionan, al usar el valor posicional y las propiedades de las operaciones.	Lecciones 4.6, 6.8

Área: Medición y datos

Miden y estiman las longitudes usando unidades estándares.

2.MD.A.1	Miden la longitud de un objeto seleccionando y usando herramientas apropiadas tales como reglas, yardas, reglas métricas, y cintas de medir.	Lecciones 8.1, 8.2, 8.4, 8.8, 9.1, 9.3
2.MD.A.2	Miden la longitud de un objeto dos veces, usando unidades de longitud de diferentes longitudes cada vez; describen como ambas medidas se relacionan al tamaño de la unidad escogida.	Lecciones 8.6, 9.5

Estándares que aprenderás

Área: Medición y datos

Miden y estiman las longitudes usando unidades estándares.

2.MD.A.3	Estiman longitudes usando unidades de pulgadas, pies, centímetros, y metros.	Lecciones 8.3, 8.7, 9.2, 9.6
2.MD.A.4	Miden para determinar cuanto más largo es un objeto que otro, y expresan la diferencia entre ambas longitudes usando una unidad de longitud estándar.	Lección 9.7

Relacionan la suma y la resta con la longitud.

2.MD.B.5	Usan la suma y la resta hasta100 para resolver problemas verbales que envuelven longitudes dadas en unidades iguales, por ejemplo, al usar dibujos (como dibujos de reglas) y ecuaciones con un símbolo que represente el número desconocido en el problema.	Lecciones 8.5, 9.4
2.MD.B.6	Representan números enteros como longitudes comenzando desde el 0 sobre una recta numérica con puntos igualmente espaciados que corresponden a los números 0, 1, 2, ..., y que representan las sumas y restas de números enteros hasta el número 100 en una recta numérica.	Lecciones 8.5, 9.4

Trabajan con el tiempo y el dinero.

2.MD.C.7	Dicen y escriben la hora utilizando relojes análogos y digitales a los cinco minutos más cercanos, usando a.m. y p.m.	Lecciones 7.8, 7.9, 7.10, 7.11
2.MD.C.8	Resuelven problemas verbales relacionados a los billetes de dólar, monedas de veinticinco, de diez, de cinco y de un centavos, usando los símbolos $ y ¢ apropiadamente. *Ejemplo; si tienes 2 monedas de diez centavos y 3 monedas de 1 centavo, ¿cuántos centavos tienes?*	Lecciones 7.1, 7.2, 7.3, 7.4, 7.5, 7.6, 7.7

Estándares que aprenderás

Área: Medición y datos

Representan e interpretan datos.

2.MD.D.9	Generan datos de medición al medir las longitudes de varios objetos hasta la unidad entera más cercana, o al tomar las medidas del mismo objeto varias veces. Muestran las medidas por medio de un diagrama de puntos, en el cual la escala horizontal está marcada por unidades con números enteros.	Lección 8.9
2.MD.D.10	Dibujan una pictografía y una gráfica de barras (con escala unitaria) para representar un grupo de datos de hasta cuatro categorías. Resuelven problemas simples para unir, separar, y comparar usando la información representada en la gráfica de barras.	Lecciones 10.1, 10.2, 10.3, 10.4, 10.5, 10.6

Área: Geometría

Razonan usando figuras geométricas y sus atributos.

2.G.A.1	Reconocen y dibujan figuras que tengan atributos específicos, tales como un número dado de ángulos o un número dado de lados iguales. Identifican triángulos, cuadriláteros, pentágonos, hexágonos, y cubos.	Lecciones 11.1, 11.2, 11.3, 11.4, 11.5, 11.6
2.G.A.2	Dividen un rectángulo en hileras y columnas de cuadrados del mismo tamaño y cuentan para encontrar el número total de los mismos.	Lección 11.7
2.G.A.3	Dividen círculos y rectángulos en dos, tres, o cuatro partes iguales, describen las partes usando las palabras *medios, tercios, la mitad de, la tercera parte de,* etc., y describen un entero como dos medios, tres tercios, cuatro cuartos. Reconocen que las partes iguales de enteros idénticos no necesariamente tienen que tener la misma forma.	Lecciones 11.8, 11.9, 11.10, 11.11

Índice

© Houghton Mifflin Harcourt Publishing Company

633, 654, 659, 665, 671, 677, 705, 711, 729, 735, 747, 753, 759, 765

MP7 Buscan y utilizan estructuras 3, 19, 43, 49, 55, 61, 75, 81, 87, 93, 99, 105, 111, 117, 123, 129, 163, 169, 175, 187, 217, 255, 261, 273, 279, 329, 347, 353, 467, 473, 491, 497, 503, 527, 389, 553, 571, 577, 609, 627, 633, 723, 729

MP8 Buscan y expresan regularidad en razonamientos repetitivos 19, 43, 75, 81, 93, 141, 169, 175, 181, 187, 199, 249, 267, 297, 303, 317, 323, 341, 359, 397, 403, 409, 415, 301, 427, 433, 439, 445, 479, 485, 509, 515, 521, 541, 583, 603, 741, 747

Pregunta esencial
Pregunta esencial aparece en cada lección de la Edición para el estudiante. Algunos ejemplos son: 13, 181, 329, 553, 671, 711

Preparación para la prueba
Repaso y prueba del capítulo, 67–70, 147–150, 229–232, 309–312, 383–386, 451–454, 533–536, 595–598, 645–648, 689–692, 771–774
Revisión de la mitad del capítulo, 40, 114, 196, 276, 350, 418, 494, 568, 624, 668, 744

Prismas rectangulares
caras, aristas y vértices, 711–714
identificar y describir, 705–708, 717

Problemas, 1–8, 151–158, 455–461, 693–700; *Ver* Resolución de problemas, Tipos de problemas

Problemas de varios pasos, 126, 131, 184, 190, 214, 288, 293, 319, 377–380, 405, 412, 436, 679, 680

Propiedades de la suma,
agrupar sumandos de distintas maneras, 181–184, 297–300, 303–306
sumar cero, 170–171
sumar en cualquier orden, 169–172

Pulgadas, 541–543, 547–550, 553–556, 559–562, 565–567, 571–574, 589–592

Punto decimal
en cantidades de dinero, 492–493, 498–500, 503–506

R

Reagrupar,
en una resta, 329–332, 335–338, 341–344, 347–349, 353–356, 427–430, 433–436, 439–442, 445–448
en una suma, 255–258, 261–264, 267–270, 273–275, 280–282, 297–300, 303–306, 403–406, 409–412, 415–417

Recta numérica, 199–201, 318–319, 323–325, 360–362, 374, 565–567, 621–623

Rectángulos, 729, 731, 736–738
dividen en filas y columnas, 741–743
partes iguales de, 748–750, 753–756, 759–762, 765–768

Regla de una yarda, 583–586

Relación inversa
entre el tamaño de las unidades y el número de unidades necesarias para medir, 571–574, 627–630
entre suma y resta, 187–190, 194

Relojes, 509–512, 515–518, 521–524, 527–530

Relojes analógicos, 509–512, 515–518, 521–524, 527–530

Relojes digitales, 510–512, 516–518, 521–524, 527–530

Repaso y prueba del capítulo, 67–70, 147–150, 229–232, 309–312, 383–386, 451–454, 533–536, 595–598, 645–648, 689–692, 771–774

Representa y dibuja
Representa y dibuja aparece en la mayoría de las lecciones de la Edición para el estudiante. Algunos ejemplos son: 14, 164, 342, 542, 660, 736